HUMANITIES

PREFACIO

Raramente he visto algo que pueda ser tan poderoso como la actitud de una persona. Y raramente he visto algo que pueda ser tan devastador.

Para algunos, su actitud encuentra oportunidad en cada dificultad; otros encuentran dificultad en cada oportunidad. Algunos escalan obstáculos con una actitud positiva, mientras que otros caen a causa de una perspectiva negativa. Tu actitud actuará ya sea para atraer el éxito o para repelerlo.

¿Cuál de estas tendencias te describe?

Antes de responder a esa pregunta, déjame darte una buena noticia: ¡Tú puedes elegir cuál será!

¿Cómo es esto posible? Porque la actitud es una *elección*. Esto no es un sentimiento, ni el resultado de eventos o circunstancias, buenas o malas. Todos somos individualmente responsables de edificar nuestro panorama de vida. La Biblia dice: «Todo lo que el hombre sembrare, eso también segará» (Gal. 6.7). Nuestra actitud hacia la vida y nuestras acciones subsecuentes ayudan a determinar lo que nos sucederá. Nuestro futuro luce brillante cuando la actitud es correcta, ¡y hace al presente más deleitable también!

Más que cualquier otro factor, la condición de tu actitud determinará

- la calidad de tus relaciones con otras personas;
- que puedas o no convertir un problema en bendición;
- que te conviertas en víctima de la derrota o en un estudiante del éxito.

El simple hecho que la actitud puede «favorecer» a unos y «destruir» a otros es razón significativamente suficiente para que exploremos cómo funciona y cómo se cultiva. La actitud que desarrollamos causará que veamos la vida como una serie de oportunidades o en términos de nuestras probabilidades de fracaso. De qué modo una persona define los eventos de la vida hará más que cualquier otra cosa para determinar su potencial para el éxito en la vida. ¡Cuán verdad es, que estás a tan sólo una actitud de distancia de tu brillante futuro!

Pero déjame darte a ti, lector, un importante consejo. Este libro debe ser *aplicado*. No es necesario que seas dotado o excepcionalmente brillante para emplear estas verdades en tu vida, ¡*pero debes estar dispuesto*!

Antes de que las palabras que siguen puedan ser transferidas de la tinta sobre papel a un permanente cambio de vida, tienes que estar convencido que una gran actitud es una de las características más importantes que puedes desarrollar ¡este y cada año! Si tú encaras este libro de ese modo, el proceso de cambio permanente será un gozoso viaje lleno de aventura. Te cambiará no tan sólo a ti, sino también a toda persona con la que entres en contacto.

Únete a mí para esta aventura.

JOHN C. MAXWELL
Fundador del Grupo INJOY

RECONOCIMIENTOS

He tenido tantos mentores a través de los años por quienes estoy eternamente agradecido, cantidad de personas que tienen increíble espíritu y actitudes de excelencia. Cuando observo a estas preciosas personas, a menudo me encuentro a mí mismo susurrando: «Oh, Dios, hazme así a *mí* también».

Mis más tempranas memorias son de mi madre, quien amó sin reservas. Ella medía sólo metro y medio, pero ella siempre será un gigante en mi corazón. Madre soltera, ella siempre reforzaba mi espíritu con fresca esperanza a través de sus canciones y su aliento.

Agradezco a mi esposa, Anna, con quien he elegido compartir mi vida. Ella ha sido un pilar de soporte estable, llena de compasión y un espíritu lleno de gracia. Anna, me has enseñado tanto simplemente siendo la persona que Dios te hizo.

Carol Ann Shima, eres la mejor alentadora que he conocido. Tú siempre haces que la gente se pueda parar más erguida y que camine más confiada, luego de haber estado en tu presencia. Dan Shima, tú eres una fortaleza sólida en el exterior y un grato siervo y amigo en el interior. Siempre estaré agradecido por ustedes dos.

Gracias a las tantas personas que han modelado para mí el corazón de Dios.

Vacilé en empezar a agradecer a aquellos quienes me han influenciado en todos estos años, porque llenaría muchísimas páginas y temo que aún así excluiría a más de los que podría recordar. Permítanme por lo menos decir gracias a todas las maravillosas personas en NEW HOPE CHRISTIAN FELLOWSHIP. Cada uno de ustedes ha tocado mi vida, dejando detrás una marca indeleble de las huellas digitales del Salvador.

PRÓLOGO

Este libro es para líderes, empresarios, amas de casa, y gente joven. No importa cuales sean tus antecedentes o cual sea tu ocupación, los principios de este libro pueden transformar tu vida y tus relaciones. El único prerrequisito es que seas un ávido estudiante de la vida.

Ralph Waldo Emerson dijo cierta vez: «El futuro les pertenece a aquellos que se preparan para él». Este libro te ayudará a hacer justamente eso.

En mi tiempo como pastor y líder, he visto gente, los he estudiado y he observado qué es lo hace a una persona exitosa y a otra no. He visto fallar a gente talentosa, educada y habilidosa. Por otro lado he sido testigo del éxito de aquellos que poseían muy poco talento, educación o habilidades.

Mucha gente no está lejos de una vida de gozo y éxito. ¡Solo algunos ajustes y la vida entrará como una señal fuerte y clara para ellos! Como una radio que no está bien sintonizada, se escucha la música pero está llena de estática y se desvanece la señal. Un pequeño giro del dial podría recalibrar la frecuencia con sólo unos hertz de diferencia. Entonces, de repente, ¡eureka! ¡La señal borrosa se transforma en una sinfonía estereofónica de sonido!

Tu actitud es donde el pequeño ajuste debe hacerse. La actitud puede ser la diferencia entre el éxito y el fracaso. Alguien dijo una vez, la diferencia entre la gente es pequeña, pero esa ¡pequeña diferencia es realmente muy grande!

Vivir una vida de gozo y de éxito es algo que Dios ya ha instalado en tu diseño. ¿Sabías eso? Él ha planeado tu futuro para que sea uno de éxito. Dios no se goza o se gloría en una vida mediocre. Fructificar es lo que Dios quiere para cada uno de nosotros, y ¡Él está dispuesto a ayudarnos a lograrlo!

No me elegisteis vosotros a mí, sino que yo os elegí a vosotros, y os he puesto para que vayáis y llevéis fruto, y vuestro fruto permanezca; para que todo lo que pidieres al Padre en mi nombre, él os lo dé. (Juan 15.16)

Deja que Dios te ayude a desarrollar una actitud que atraiga éxito. Él está dispuesto a hacerlo. Coopera con Él. Aplica los principios de este libro, y ¡estarás bien encaminado a ser fructífero!

SÉ UN ESTUDIANTE
DE LA VIDA

Me encanta observar a la gente, especialmente a la gente exitosa, gente que es exitosa en los negocios, en las relaciones y en las finanzas. Y he aprendido la razón por la cual son exitosos. El éxito no sucede por accidente; la gente no tropieza con él por error. Hay razones sólidas por las que estos hombres y mujeres son exitosos, y dejan pistas en el camino para que nosotros las observemos y recojamos, si las buscamos. Un estudiante de la vida que está dispuesto, examinará estas pistas y aprenderá que ¡cualquiera puede desarrollar una actitud que atraiga el éxito!

Uno de mis pasatiempos favoritos mientras asistía a la Universidad en Portland, Oregon, consistía en ir al aeropuerto y encontrar una banca contigua a uno de los principales pasos peatonales. Me sentaba y, por una hora o dos, observaba a la gente.

Yo sé lo que debes estar pensando, que me falta un tornillo. Quizás tengas razón. No obstante, eso es lo que hice. Antes de descartarme, de todos modos, permanece conmigo un momento más.

Yo veía a un empresario apresurándose camino a una importante cita. Observaba cómo estaba vestido, sus gestos, la velocidad con la que caminaba, la forma en que conversaba con la gente alrededor de él, y examinaba su semblante. ¿Tenía él una cara de ansiedad, de gozo, de desesperanza o de preocupación?

Entonces veía a una madre joven cargar con su hijo de una terminal a otra, y trataba de discernir qué clase de persona era ella. ¿Era segura o temerosa? ¿Qué clase de día estaba teniendo? ¿Era exitosa? ¿Había paz o preocupación en su corazón?

Observaba a estudiantes, trabajadores, oficiales de aeropuerto y a otros, a medida que pasaban de un lado de la terminal hacia otro. Observaba la forma en que se paraban, se sentaban, caminaban y se comunicaban unos con otros. Observaba el enfoque de sus ojos mientras conversaban. Observaba cómo saludaban a amigos o miembros de la familia que habían venido a recogerlos. Y estudiaba qué era lo que hacía a una persona exitosa y a otra no. ¿Qué hacía feliz a una vida y llena de gozo, mientras otras parecían huecas y vacías?

Cada una de esas vidas tiene una historia detrás de ella, una historia de lucha o de éxito, de abandono o de esperanza, de pesimismo o de promesa.

A través de los años, he coleccionado y catalogado cantidad de observaciones de fracasos y éxitos. He intentado destilar los principios que he aprendido y registrarlos para otros estudiantes de la vida, como tú mismo.

Nunca dejes de aprender, hazlo una meta de por vida. Descubre nuevas verdades y puntos de vista que despiertan tu espíritu. Los nuevos horizontes siempre te ayudarán a mirar hacia adelante y a enfocarte en tu potencial en vez de en tus problemas, en tu futuro en lugar de tus fracasos.

COMPARTE EN LA FRATERNIDAD DEL CINTURÓN BLANCO

Recuerdo haber leído acerca de Jigoro Kano, el fundador del arte marcial del Judo. La historia de Kano es una lección de inspiración y motivación para cada estudiante de la vida.

Kano poseía una extraordinaria disposición para aprender. Él escudriñó el casi difunto arte marcial de jujitsu y lo modificó para incorporarle principios modernos de deporte, creando el arte del judo. Se convirtió en el sistema de defensa de la policía japonesa y fue el primer arte marcial oriental en ser aceptado en la competición internacional de las Olimpiadas.

Kano estaba tan enfocado en aprender mejoradas técnicas en toda faceta de la vida, que encontró nuevas y mejores maneras para que las islas japonesas educaran a su juventud. Se hizo conocido como el padre de la educación moderna japonesa. Kano era bien respetado en círculos atléticos, sociales y políticos a nivel mundial.

Antes de morir, este mundialmente reconocido experto en artes marciales reunió a sus estudiantes. Mientras se reunían para escuchar las palabras de su maestro de judo, él anunció: «Cuando me entierren, ¡no me entierren con un cinturón negro! ¡Asegúrense de enterrarme con un cinturón blanco!»

En las artes marciales el cinturón blanco es símbolo de un principiante, un aprendiz que tiene mucho que aprender todavía.

¡Qué lección de humildad y disposición de aprender! Cada uno de nosotros, sin considerar nuestro rango en la vida, debemos ser aprendices de por vida. Ya seas un ejecutivo, un pastor, una secretaria, un padre, un hijo, un líder o un seguidor, bajo todos estos roles, siempre viste un cinturón blanco.

Incluso si eres un experto en cierto campo, continúa valorando el aprendizaje. Si continúas aprendiendo, continuarás siendo un experto. Tan pronto como dejamos de aprender, ¡comenzamos a ponernos tiesos y a atrofiarnos!

APRENDE DE LOS PERFILES DE DOS HÉROES

La gente a menudo me pregunta quiénes son mis héroes. Una es Wendy Stoker.

Wendy asistió a la preparatoria Midwest y, en su último año, finalizó solo 3.5 puntos detrás del primer lugar en natación femenina. Fue a la Universidad East Coast, donde tomó una carga completa de clases, estuvo en un equipo de bolos, participó en el gobierno estudiantil y continuó con su natación. Pero lo que encuentro más espectacular de esta joven mujer es su habilidad de escribir a máquina. Como estudiante de primer año de universidad escribía a una velocidad zumbante, bueno, casi, de 40 palabras por minuto.

¿Se me olvidó contarles que Wendy Stocker nació sin brazos?

Escribe a máquina 40 palabras por minuto con los dedos de sus pies.

¿Qué es lo que hace que una persona posea tanta determinación, tanto coraje, semejante espíritu indómito? Antes de discutir eso, déjenme compartirles a otro de mis héroes.

Thomas Alva Edison inventó la bombilla incandescente, la cámara de cine y las baterías que encienden nuestros autos. En los años otoñales de su vida, trabajó en un modesto edificio que parecía un granero. Allí, con su hijo, Edison a menudo se quedaba hasta tarde en la noche, trabajando para perfeccionar sus inventos. Cierta noche, en un intento para mejorar la retención de carga de una batería, una infortunada combinación de químicos hizo que su último invento estallara en llamas. El fuego rápidamente se esparció por toda la estructura de madera, y lo que empezó como una combustión química menor explotó en un prominente infierno.

El hijo de Edison rápidamente evacuó el edificio. Usando su guardapolvo para escudarse contra las llamas, desesperadamente llamó a su padre, temiendo que Edison pudiera estar aún en el granero, intentando salvar el precioso trabajo de toda su vida. Corriendo frenéticamente, el joven rodeó el granero, con la esperanza de que su padre hubiera escapado por alguna otra salida. En su segunda vuelta alrededor del edificio, dobló en una esquina y, para su gran alivio, allí estaba su legendario padre. Las manos de Edison estaban bien enterradas en su guardapolvo lleno de pecas a causa del hollín, su pelo blanco ennegrecido por las cenizas. Observaba atentamente mientras el fuego devoraba la estructura.

«¡Padre!», gritó el hijo de Edison. «¡Tenía miedo que aún estuvieras adentro!»

Sin quitar sus ojos de las llamas, Edison dijo: «¡Hijo, ve a buscar a tu madre!»

«¿Por qué, papá?»

Con un parpadear de ojos el padre respondió: «¡Porque tu madre proviene de un pueblo pequeño y nunca ha visto un incendio así antes!»

Cuando las llamas acabaron su obra, dejando solo cenizas y una estructura retorcida, Edison se volteó hacia su hijo. «¿Conoces a alguien que tenga un tractor?»

«Sí, papá, ¿Por qué?»

Edison respondió: «Porque es tiempo de reconstruir, hijo. Es tiempo de reconstruir».

Wendy Stoker y Thomas Edison. ¡Qué grandes modelos para cada uno de nosotros! Pero ¿Qué era lo que los mantenía persistiendo, aunque todo estaba en su contra? ¿Cuál era el combustible que los obligaba a moverse a pesar de los reveses?

En los héroes famosos o ignotos, encontrarás un hilo en común, un común denominador. En cada caso, ¡Es la actitud! Correcto. Actitud.

LA GENTE EFECTIVA USA LOS REVESES COMO PELDAÑOS; MIENTRAS QUE LOS INEFECTIVOS LOS USAN COMO EXCUSAS.

Tu actitud es más importante de lo que jamás puedas imaginar. Es lo más importante acerca de ti, más importante que tu educación, tu pasado, tu apariencia o tu dinero. Tu actitud te ayudará a hacer amigos o causará que hagas enemigos. Te atraerá gente o la repelerá.

Tu actitud es incluso más importante que tus habilidades en la determinación de tu capacidad de alcanzar éxito. John D. Rockefeller dijo cierta vez: «Yo le pagaré a un hombre más por su actitud y su capacidad de llevarse bien con otras personas que por cualquier otra habilidad que pueda poseer». Tu actitud es uno de tus capitales más importantes.

Lo que es importante no es el estado presente de tu familia, tus problemas, quién es tu jefe o cuánto dinero ganas.

Lo que *es* importante es tu *actitud* hacia la familia, hacia los problemas, hacia la autoridad y hacia el dinero. ¡La actitud es lo que hace la diferencia en el mundo!

Tú encontrarás que tanto la gente efectiva como la inefectiva han experimentado reveses. Sin embargo, la gente que es efectiva ha usado esos reveses como peldaños, mientras que las inefectivas los han usado como excusas.

Estoy absolutamente convencido de la verdad detrás de la máxima que reza: «El diez por ciento de la vida se compone de lo que te sucede, el otro noventa por ciento está hecho de cómo tú *respondes* a lo que te sucede». Allí es donde se construye el carácter. Allí es donde se forma la personalidad. Allí es donde se expresa la actitud».

Encuentra dos personas que asisten a la misma escuela, tienen los mismos profesores, compran en las mismas tiendas, viven en la misma ciudad y hasta asisten a la misma iglesia. Una se debate y la otra es exitosa. ¿Por qué?

Actitud.

¿Una frangancia o un mal olor? es tu elección

En Hawai tenemos la costumbre de dar collares de flores unos a otros como un acto de hospitalidad, honor o amistad. Un collar de flores usualmente está hecho de flores atadas que cuelgan alrededor del cuello de una persona. Damos estos collares para decir: «gracias», y también los damos para decir «Adiós».

Me encantan las fragantes flores de Hawai. La pikake, la plumeria, la ginger blanca, y la *pua kenikeni* son mis favoritas. Estas hermosas flores son tan penetrantes que a dondequiera

que me vuelvo, esta fragancia añade un sentido de aloha poli-
nesio a todo lo que experimento. Cuándo uso uno de esos
collares, ¡cada persona que me encuentro huele maravilloso!
No importa si la persona es alta o baja, feliz o triste, si vienen
a mí con una queja o un cumplido, ¡Todos huelen maravilloso
para mí! Por supuesto esta fragancia que yo disfruto nada tiene
que ver con la persona que estoy, pero todo tiene que ver con
el collar que estoy usando.

La actitud es como uno de estos collares. Cada uno de
nosotros tiene uno, pero hemos hecho una elección de qué
atarle para armar ese collar. Si cargas una colección de pescados
muertos todo empieza a oler mal. Si le atas calcetines viejos, el
mundo entero empieza a tener un olor extraño. Tu actitud es
como una fragancia que llevas contigo. La diferencia es que un
zorrino lleva un *mal olor,* mientras la hermosa plumeria
Hawaiana lleva una *fragancia.*

Te guste o no, cada uno de nosotros lleva una fragancia o
un mal olor. Tú eliges cuál vas a llevar. La pobre actitud de
algunos los siguen como un perfume malo. Otros que tienen
personalidades maravillosas dejan una fragancia en su paso por
nuestras vidas.

TU ACTITUD AFECTA TU SALUD

Cuando estás estresado o preocupado, tu cuerpo segrega una
poderosa hormona llamada adrenalina. Los efectos de la adrenalina en el cuerpo humano pueden ser comparados a combustible de cohetes en un misil o al óxido nítrico en un auto de
carreras. La adrenalina se dispara en tu sangre para darte un
envión inmediato de energía o fuerza en respuesta al miedo, a
la excitación o a la emoción extrema. En otras palabras, le da a
tu sangre una explosión de energía para hacerte ir más *rápido.*

Cierta vez mientras trotaba, pasé un cercado que era el dominio de dos macizos dóberman pinschers. Yo no vi a los perros. «Caninos come carne» sería un término más preciso, mientras trotaba pasando por esa cerca. Me imagino que ellos sintieron que yo estaba trotando muy cerca de su frontera, así que de la nada, me embistieron, con un vicioso ladrido que coagulaba la sangre. Desde un rincón de mi ojo, logré ver a estas dos figuras demoníacas que ferozmente me ladraban. La adrenalina se disparó en mi cuerpo como una bala atraviesa el queso blando. Al momento del ataque, nunca se me ocurrió que había una cerca protectora separando sus horribles dientes de mi frágil cuerpo. Así que salté un metro en el aire y me precipité a correr más rápido de lo que había corrido desde la secundaria.

La adrenalina es un poderoso químico diseñado para quemarse inmediatamente en el cuerpo. Y si no se consume, sin embargo, te puede afectar adversamente. Tu cuerpo no sabe si está siendo atacado desde afuera o desde adentro. En cualquiera de los casos, una actitud crítica pone a tu cuerpo en un alerta máximo, y tus sistemas internos van a la defensiva. Si yo ando con una actitud crítica, por ejemplo, pequeñas dosis de adrenalina gotean en mi sangre durante todo el día. Con la presencia de la adrenalina en nuestro sistema, nos ponemos irritables, podemos ser cínicos, envejecemos más rápido, nos duele e incluso después de ocho horas de sueño, quizás todavía estemos cansados al despertar.

Las investigaciones médicas nos dicen que el estrés y la preocupación causan más daño interno de lo que nos damos cuenta. Fisiológicamente, somos afectados por el temor, la inseguridad y la amargura irresuelta. Estas cosas debilitan nuestro sistema inmunológico, haciéndonos susceptibles a los virus y a las enfermedades que nuestros cuerpos normalmente son capaces de repeler.

Un querido amigo era el cuadro mismo de la salud. Comía solo las mejores comidas, se ejercitaba, monitoreaba su nivel de colesterol cuidadosamente. Pero tuvo una seria enfermedad, la preocupación. Él se preocupaba por todo lo que no estaba completamente bajo su control, hasta que lo comió por dentro. Le había sido difícil confiarle a Dios su futuro, sus finanzas y su familia. Mientras crecía su ansiedad, también crecían los efectos físicos. Él constantemente se sentía víctima de males estomacales. Aparentaba tener más de 60 años aunque tenía solo 52. También lo vi atravesar su segundo divorcio, el estrés le había costado otra relación de amor.

Este querido amigo recientemente murió a una temprana edad. Aunque era un loco de la salud, sucumbió a algo mucho más devastador: una terrible perspectiva de la vida. Su actitud le había robado los mejores años de su vida.

He oído que la presencia de la adrenalina en tu sistema sanguíneo puede aumentar tu colesterol en un cuarenta por ciento. Dispuestamente entramos en exóticas dietas y tomamos pastillas para reducir nuestro nivel de colesterol, cuando lo que realmente necesitamos es una ¡mejor actitud hacia la vida!

Podrías decir que el estado de tu salud no es determinado tanto por lo que comes sino por lo *que te come a ti.*

¿ESTÁ TU ACTITUD QUEBRADA?

Un hombre hizo una cita para ver a su doctor. «Doctor», se quejó, «en todo lugar que me toco parece dolerme últimamente. ¿Me estoy volviendo viejo o solo senil? Si aprieto mis rodillas, duelen. ¡Si presiono mi estómago, duele! ¡Aprieto aquí en mi cabeza justo al lado de la sien y eso duele también! ¿Qué está pasando?»

El doctor pidió rayos X de todo el cuerpo.

Una hora pasó y luego de evaluar cuidadosamente las radiografías, el doctor volvió. Tomándose el mentón, el doctor lentamente empezó: «Me parece haber encontrado la razón por la que todo lo que toca le duele».

«¡Bien, dígame!» contestó ansiosamente el hombre.

El doctor señaló las radiografías. «Su cuerpo está bien, pero su dedo está quebrado».

Nuestra actitud es como ese dedo. Si nuestra actitud apesta, cada cosa alrededor de nosotros apesta. Si nuestra actitud es buena, ¡todo parecerá fragante!

¿Cómo es tu actitud? ¿Es como ese mal olor que te sigue? ¿O es esa hermosa fragancia que hace cualquier situación más placentera? Tómate un tiempo ahora para evaluarte a ti mismo antes de seguir leyendo.

EVALUANDO MI ACTITUD

1. ¿Soy un aprendiz de por vida? ¿O he permitido que mi posición en la vida determine que ya no necesito aprender?

   a. ¿Valoro yo el aprender?

   b. ¿Me dejo enseñar? ¿Soy humilde?

2. ¿Cuál es mi actitud hacia los problemas, las autoridades, la familia y el dinero?

   a. ¿Cómo están mis relaciones personales con la familia, los amigos, los compañeros de trabajo y los vecinos?

   b. ¿Si otros fueran a calificar mi personalidad dirían que dejo un mal olor a mi paso o que dejo una hermosa fragancia para que otros la disfruten?

3. ¿Generalmente, cómo respondo a lo que me pasa? ¿Con calma o preocupación? ¿Con una buena o mala actitud?

   a. ¿Veo a los reveses como peldaños o como excusas?

   b. ¿Cómo reacciono cuando las probabilidades están contra mí?

   c. ¿Cómo me califico a mí mismo en situaciones de estrés o preocupación?

   d. ¿Sufro de enfermedades (Ej., dolores de estómago, de cabeza, cansancio o relaciones rotas) que indican actitudes críticas, estrés o preocupación?

CAPÍTULO UNO

HAZ TU ELECCIÓN

Bienaventurados los pobres en espíritu, porque de ellos es el reino de los cielos.
Bienaventurados los mansos, porque ellos recibirán la tierra por heredad.
Bienaventurados los misericordiosos, porque ellos alcanzarán misericordia.
Bienaventurados los de limpio corazón, porque ellos verán a Dios.
Bienaventurados los pacificadores, porque ellos serán llamados hijos de Dios.

MATEO 5.3,5,7-9

El Sermón del Monte, quizás el más famoso sermón de Jesús, trata con nuestras actitudes. Los teólogos han llamado a esta serie de enseñanzas las Beatitudes. Supongo que Su lección podrían resumirse así: «Tus actitudes determinarán lo que serás». Por tanto, las «Ve-actitudes».

Jesús sabía que desarrollar una perspectiva correcta de la vida era críticamente importante para nuestras vidas y para nuestros ministerios, entonces Él habló primero y a menudo sobre ese mismísimo tópico. De hecho, antes de que Jesús enseñase a Sus discípulos a hacer milagros, a tratar con los fariseos, o el discipulado ¡Les enseñó sobre las actitudes! Cada frase de las Beatitudes trata con la edificación de actitudes correctas porque ellas se convierten en la lámpara del cuerpo (ver Mateo 6.22-23), la forma misma en que vemos e interpretamos el mundo alrededor nuestro.

Un interesante teorema científico enuncia que si tu premisa básica es incorrecta, toda conclusión subsiguiente también será incorrecta. Lo que significa es que si estás resolviendo un problema matemático y empiezas determinando $2+2=5$, entonces todos tus cálculos siguientes serán incorrectos. Igualmente, si el núcleo de nuestras actitudes está arruinado, entonces yo también experimentaré masacre tras masacre en forma de devastadas relaciones, expectativas frustradas y sueños rotos.

Jesús sabía que desde el núcleo de nuestro ser, necesitábamos desarrollar una correcta actitud hacia la vida. Deja que tu ojo, tu actitud, sea limpiado y tus conclusiones de ahí en más ¡tendrán el potencial para el éxito!

UNA ACTITUD POBRE TE PUEDE COSTAR

El presidente del Banco de América contó la siguiente historia, que tomó lugar hace varios años.

La sucursal del Banco de América de Los Ángeles está situada en un edificio con varios niveles con una estructura de estacionamiento en sus pisos inferiores. Este gran rascacielos albergó a muchos negocios. Por muchos años, los clientes que usaban el banco no tenían que pagar el estacionamiento si simplemente presentaban un comprobante de alguna transacción.

A través de los años, sin embargo, la gente comenzó a abusar de este privilegio, haciendo pequeñas o insignificantes transacciones en el banco y pasando el resto del día haciendo compras en otras tiendas del edificio. Debido a las frecuentes infracciones de clientes astutos, el banco descontinuó el privilegio de validar los boletos para el estacionamiento gratis e ilimitado. Los boletos validados de allí en más tendrían un descuento especial por hora.

Una mañana, un hombre mayor, vestido con jeans y una camisa de franela esperó su turno en una larga línea de clientes. La línea muy lentamente avanzó, hasta que llegó al próximo mostrador. El hombre hizo un pequeño depósito y presentó su comprobante de estacionamiento para que se lo validaran. El cajero le selló el comprobante y le informó que tendría que pagar una pequeña suma por el estacionamiento.

«¿Por qué? Nunca me han pedido esto antes», el anciano replicó.

El cajero, que se encontraba con un banco repleto de clientes impacientes, rebatió: «Bien, esa es la nueva regla. Yo no las hago. Simplemente las despacho».

«Pero he sido cliente de este banco por años», el hombre persistió, «lo menos que puedes hacer es validarlo como solían».

«Ya me oyó, señor. Si tiene algún problema, vea al gerente. Tengo mucha gente esperando detrás de usted. Si usted se mueve, eso hará que esta mañana sea un poco más fácil».

El caballero con la camisa de franela se abrió paso hacia el final de una larga fila de clientes que esperaban, y una vez más muy lentamente avanzó hacia las cajas. Cuando finalmente llegó, se acercó a la primer caja disponible, retiró 4.2 millones de dólares, cruzó la calle y los depositó en otro banco.

¡La actitud del cajero le costó al banco 4.2 millones de dólares! Nunca subestimes el poder de destrucción que puede acarrear una actitud pobre.

Un letrero en la pared de una vieja gasolinera tiene una gran verdad para nosotros.

¿Por qué los clientes se van?
1% muere.
3% se muda.
5% se va por causa de la ubicación.
7% se va por insatisfacción del producto.
¡84% de los clientes se van por causa de una actitud de indiferencia mostrada por uno de los empleados!

Escoge la vida

A los cielos y a la tierra llamo por testigos hoy contra vosotros, que os he puesto delante la vida y la muerte, la bendición y la maldición; escoge, pues, la vida, para que vivas tú y tu descendencia (Deuteronomio 30.19).

Dios dice que la elección entre la vida y la muerte, entre la bendición y la maldición ¡depende de nosotros! Casi suplica a su pueblo, diciéndonos que escojamos *vida* a los efectos de que podamos vivir. Dios no sólo nos da una elección, sino que va más allá y nos dice cuál elección hacer. Él incluso nos muestra los beneficios de hacer la elección correcta, y nos deja saber las consecuencias, si hacemos la otra elección.

Esencialmente, Dios nos está diciendo: «Aquí está tu elección, vida o muerte, un futuro fructífero o uno de dolor. ¡Pero espera! Antes de elegir, déjame decirte cuál es mejor. Escoge la vida para que puedas vivir, tanto tú cómo tus descendientes. ¿Entendiste? Bien, ahora elige».

¿Recuerdas el programa de TV. *Hagamos un trato*? En este show de juegos de TV. de los años 70, había concursantes de la audiencia que se vestían de ardillas, patos, petirrojos y de diversos utensilios del hogar, haciendo actos locos para llamar la atención del conductor del programa, Monty Hall. En uno de sus programas, Monty apuntó a un ama de casa que estaba vestida de gallina y dijo: «¡Gallina, ven aquí!»

SI SABÉIS ESTAS COSAS, BIENAVENTURADOS SERÉIS SI LAS HICIEREIS.
(JUAN 13.17, ÉNFASIS DEL AUTOR).

La señora picoteaba mientras caminaba hacia el pasillo, saltando emocionadamente y aleteando encima del conductor. Monty señaló tres grandes puertas en el escenario y dijo: «Puedes tener lo que sea que halla detrás de la puerta número uno, la puerta número dos o la puerta número tres. ¿Cuál vas a elegir?» La audiencia del estudio ayudaba gritando: «¡uno! ¡no, dos! ¡tres! ¡tres! Elige la tres» todos al mismo tiempo.

La gallina hizo su elección: «¡tres!»

Entonces Monty dijo: «Antes de mostrarte qué hay detrás de la puerta número tres, déjame mostrarte qué hay detrás de la puerta ¡número uno!» La puerta se abrió y allí había un par de Mercedes Benz de lujo.

Los lamentos surgieron de la gallina y de la audiencia.

Monty continuó: «Ahora déjame mostrarte qué hay detrás de la puerta ¡número dos!» La puerta se abrió y una voz anunció: «¡Un bote de 15 metros y vacaciones en Acapulco!»

Más gruñidos de decepción.

«Y ahora», dijo Monty, «déjame mostrarte lo que has elegido ¡detrás de la puerta número tres!» La puerta se abrió para revelar un burro.

La mujer gallina arrojó sus manos al aire con desesperación, mientras la audiencia le hacía eco a su lamento por su tan pobre elección. ¿No fue eso trágico?

Ahora déjenme compartir con ustedes algo que sería incluso más trágico. Imagina que en el show hubiera sucedido esto:

Monty dice: «Puedes tener lo que sea que halla detrás de la puerta número uno, número dos o número tres. ¿Qué puerta escoges? ¡Pero espera! Antes de que me digas, ¡déjame mostrarte qué hay detrás de cada puerta! Detrás de la puerta número uno hay ¡dos autos de lujo!, detrás de la puerta número dos hay un ¡bote y vacaciones en Acapulco!, y detrás de la número tres un burro. ¿Entendiste?»

«Ah, de acuerdo» replica la señora gallina, y la multitud se enloquece en anticipación.

«Ahora, ¿cuál elegirás? ¿Puerta número uno, puerta número dos o puerta número tres?»

Ella pausa por un segundo, escuchando a los confusos mugidos de los animales de granja en la audiencia del estudio.

«Oh... Ah... Bueno...», ella nerviosamente delibera, «puerta número tres».

¡Ahora *eso* sería trágico!

Sin embargo, tan necio como suena, eso es exactamente lo que hacemos. Tan a menudo Dios nos muestra las consecuencias de hacer una mala elección o de caminar por la vida con una mala actitud, y aún así elegimos esa actitud de todas formas. Después cuando las relaciones fallan, cuando perdemos amigos o desperdiciamos una gran oportunidad, eso realmente no debería ser una sorpresa.

«Haya, pues, en vosotros este sentir que hubo también en Cristo Jesús» (Filipenses 2.5). Toma tiempo conmigo sobre estos próximos capítulos para depositar en tu corazón los ingredientes necesarios para desarrollar una actitud que cambia vidas. Haz esa elección ahora mismo. Puede que venga lento al principio, pero no te rindas. La nueva actitud puede que se sienta incomoda al principio, pero practica hasta llegue a ser natural.

¡Tú estás a una actitud de distancia de una gran vida, un matrimonio exitoso y un futuro prometedor!

CAPÍTULO DOS

CREE QUE PUEDES CAMBIAR

Se hará con ustedes conforme a su fe
MATEO 9.29, NVI

A nadie se le ha dado una actitud inalterable. Tú *puedes* cambiar, pero depende de ti. Decide ahora cómo quieres encarar la vida y desarrolla esa clase de actitud. Una nueva actitud no ocurre por sí misma. Tú debes desarrollarla, y lo antes que empieces, lo mejor.

Algunas personas se esconden detrás de la excusa de que no pueden cambiar: «He sido así desde niño, y no voy a cambiar ahora». ¡Nunca es tarde para cambiar! El cambio es indispensable para el crecimiento. Si dejas de cambiar, dejas de crecer. Y si dejas de crecer, ¡estás en problemas! ¿Cómo se le llama a un árbol que dejó de crecer? Correcto. *Muerto.* No es diferente con respecto a la gente. Cuando dejan de crecer, empiezan a morir.

Alguna gente dejó de crecer hace años. Puede que no los enterremos hasta que dejen de moverse, pero realmente murieron hace años.

Tú *puedes* cambiar tu actitud.

Gracias a Dios que una secretaria de cierta iglesia estuvo dispuesta a cambiar la suya. Una mañana un hombre de Texas, usando un típico sombrero tejano de diez galones, entró a la oficina de la iglesia y se acercó al mostrador. «Vengo a hablar con el cerdo principal de esta iglesia», dijo confiadamente arrastrando su pesado acento.

«El principal... ¡¿QUÉ?!» respondió la secretaria, escandalizada.

«El cerdo principal. Ya sabes, el que parlotea todos los domingos por la mañana. Solo quería hablar con él antes de regresar al rancho», continuó el tejano, estirando cada sílaba que pronunciaba.

Sorprendida con su irreverencia, la formal y decorosa secretaria se enderezó en su silla. Con una voz que parecía una profesora reprendiendo a uno de sus alumnos, ella replicó; «Escúcheme bien. Nosotros no usamos esos términos irrespetuosos en esta oficina. ¡Lo llamamos reverendo o pastor, pero nunca nada menos!»

«Bien», dijo el hombre, «nunca quise faltarle el respeto a nadie, señora. Acabo de vender una cantidad de ganado y oí al Buen Señor diciéndome que donara un millón de dólares. Pensé que me gustaría hacerlo aquí».

Con un nuevo brillo en su voz, ella rápidamente respondió: «Espérese aquí mismo. ¡Voy a buscar a ese puerco!»

Un famoso inventor dijo cierta vez: «El mundo odia el cambio, aun así es lo único que ha traído progreso». ¿Cuán abierto estás al cambio? Cuando rehusamos y resistimos la guía de Dios, ¡La vida puede llegar a ser bastante miserable! A pesar de eso, muchas veces no cambiamos hasta que el dolor de permanecer iguales se hace mayor que el dolor de cambiar.

¿QUÉ ES LO QUE NAVEGARÁ TU VIDA?

Ante de que la tecnología cambiara la forma en que navegamos en el agua, las bocinas y los silbatos eran usados para comunicarse de barco a barco. Una vez, un gran barco de guerra estaba lentamente abriéndose camino entre las aguas de una bahía cubierta de niebla.

De repente, a través de la niebla, el capitán notó lo que parecía ser la luz de otro barco directamente en su paso. Rápidamente, tomó su megáfono y gritó: «Este es el capitán almirante Smith de la marina de los Estados Unidos. Vire usted diez grados al sur. Estamos en curso de colisión, y vengo con órdenes de prioridad».

A través de la niebla oyó una tenue pero audible réplica. «Este es el Marinero de Cuarta Clase Jones. *Usted* vire diez grados al norte».

El almirante se dijo así mismo: *¡Este tipo es un marinero de cuarta categoría y yo soy un almirante! ¿Quién rayos se piensa que es?* Subiendo el megáfono unos nudos y usando un tono de autoridad más fuerte, ladró: «¡Este es el almirante Smith de la marina de los Estados Unidos! ¡Vire su embarcación diez grados al sur! ¡Voy a pasar!»

A través de la niebla se escuchó la misma réplica. «Este es el marinero de Cuarta Clase Jones. *Usted* vire su barco diez grados al *norte*».

La furia del almirante se encendió contra la insubordinación del joven. «He dicho que soy el almirante Smith. Vire usted su bote diez grados al sur inmediatamente. ¡Soy un barco de guerra!»

A través de la niebla, la voz sin vacilar: «Este es el marinero de Cuarta Clase Jones. *Usted* vire diez grados al norte. ¡*Soy un Faro*!»

Nuestras actitudes son como el timón de un barco. Tú serás gobernado por el timón, o serás gobernado por las rocas.

La elección es tuya.

Es una cuestión de fé

Si nos rehusamos a cambiar estamos en problemas. Si pensamos que no podemos cambiar, no tenemos la fe para cambiar, aunque sea posible. Jesús dijo: «Se hará con ustedes conforme a su fe» (Mateo 9.29, NVI). Si no tengo la fe que puedo cambiar o que mi situación puede cambiar, entonces no lo hará.

Por otro lado, si creo que puedo cambiar, *Yo puedo seguir a Jesús, puedo andar mejor en mi matrimonio, Dios me puede usar*, entonces el Señor puede decir: «Ahora tienes la fe». Una buena actitud libera al Señor para hacer su obra. Si digo que no puedo, entonces no tengo la fe para cooperar con el intento de Dios de traer plenitud y sanidad a mi vida. Mi pobre actitud saboteará la obra de Dios en mí.

¿Crees que tu matrimonio puede cambiar? Tú *debes* creer que puede. Tú debes creer que tu corazón puede cambiar, que tu situación familiar puede cambiar. Dios es capaz. La cuestión es: ¿Estás dispuesto?

En la Biblia, Dios a menudo celebra o reprende a las personas basándose en su nivel de fe. En Lucas 8, una mujer que había estado enferma por muchos años creyó que podía ser sanada si tocaba el borde de las vestiduras de Jesús. Cuando lo hizo, Jesús le dijo: «tu fe te ha salvado; ve en paz» (v. 48).

> «NOSOTROS ... SOMOS
> TRANSFORMADOS A SU SEMAJANZA
> CON MÁS Y MÁS GLORIA
> POR LA ACCIÓN DEL SEÑOR,
> QUE ES EL ESPÍRITU».
>
> 2 CORINTIOS 3.18, NVI

¿Tienes fe que puedes cambiar? Tienes que creer que puedes ser sano, que puedes desarrollar una actitud que atrae éxito. Si no crees que puedes, entonces no lo harás. La elección es tuya.

NADIE LE DIJO QUE NO SE PODÍA HACER

Todos en la Universidad del Sur de California sabían que a aquel que obtuviera la nota más alta en el siguiente examen final se le ofrecería el único puesto como asistente del profesor de matemáticas.

George Dansig quería tanto el trabajo que no podía dormir de noche. Su sueño de toda la vida había sido ser profesor de matemáticas, y esta era su ¡oportunidad de oro! Nada debía interponerse en su camino. Estaba determinado a responder correctamente cada pregunta en el examen. En el día final, George todavía estudiaba tan intensamente que cuando ojeó su reloj, se dio cuenta de que eran ¡quince minutos tarde para el examen! Él rápidamente juntó sus libros; entonces corrió a clases y entró en el salón. George trató de disculparse por su tardanza, pero el profesor susurró: «Shhh», le dio a George los exámenes y le hizo seña de que empezara.

El examen era más difícil de lo que George había esperado, pero él estaba impulsado y contestó todas las preguntas. Cuando estaba por entregar su examen, de todas formas, George notó que había dos problemas más escritos en la pizarra. Pensando que estos eran para crédito extra, dio vuelta su papel y empezó a trabajar en ellos.

Una terrible batalla mental sobre matemáticas empezó, pero su esfuerzo no sería en vano. El guardián invisible de la ciencia de la matemática pareció reconocer sus esfuerzos y le permitió responder su primera pregunta.

Él abordó el segundo problema con el celo de un atleta entrenado pero pronto se dio cuenta que había encontrado a su rival. Gotas de sudor se empezaron a formar en su frente. George estaba seguro de que si no resolvía este problema final ¡alguien más lo haría! Y se le negaría la única posición de sus sueños.

Justo entonces, el profesor exclamó: «¡Se acabó el tiempo!» Abatido, George se tiró en su asiento como un vencido concursante de un show de juegos.

Esa noche no pudo dormir. Se ajetreó y dio vueltas temiendo lo peor. A la siguiente mañana, George casi tuvo que obligarse a sí mismo a regresar a clases, donde él probablemente oiría el nombre de alguien más anunciado como el nuevo asistente del profesor de matemáticas.

Mientras lentamente entró en la habitación, el profesor se paró detrás de su escritorio y dijo: «¡Sr. George Dansig! ¡Usted ha hecho historia matemática!»

«No entiendo, señor».

El profesor replicó: «Usted llegó tarde ayer, ¿No es así, George?»

«Sí, señor. Lo siento. Estaba estudiando».

«¡No, no! Déjeme explicarle», continuó. «Verá, George, este iba a ser un examen difícil. Así que advertí a los estudiantes

antes de que empezara el examen que la matemática presenta unos muy, muy difíciles problemas y que esta prueba no sería una excepción. De hecho, hay problemas tan difíciles, que los llamamos "problemas insolubles". Como ejemplo, escribí dos de ellos en la pizarra, y ¡usted ha resuelto uno de ellos!»

Déjame preguntarte esto: si George hubiera escuchado que no podía resolver estos problemas, que eso era imposible, ¿Piensas que él siquiera hubiera intentado? ¡Absolutamente no!

Cree que puedes cambiar, y lo harás.

¡TIENES QUE CREER!

Una vez un hombre dijo: «Yo puedo». Otro dijo: «Yo no puedo». ¿Cuál de los dos tenía razón? Los dos. La Biblia dice: «Porque cual es su pensamiento (del hombre) en su corazón, tal es él» (Proverbios 23.7).

Es contada la historia de un escocés que era un trabajador extremadamente duro. Él no solo se había mantenido en un alto estándar, sino que se encargó de que los que estaban debajo de él tuvieran ese mismo estándar. Durante uno de sus proyectos

¿SI DIOS DIJO QUE TIENE UN GRAN PLAN PARA TU VIDA, NO SERÁ HORA DE QUE LE CREAS?

Mientras él ponía fechas límites, aparentemente imposibles, para sus hombres, un compañero lo satirizó, diciéndole: «¡Eh, escocés¡ ¿No sabes que Roma no se construyó en un día?»

«Sí, leí sobre eso», replicó el escocés. «¡Eso sucedió porque yo no era el capataz de ese trabajo!»

¿Aceptas las limitaciones normales que detienen a todos los demás? ¿Estás dispuesto a aceptar lo que otros aceptan? ¡No lo hagas! Ese es el comienzo de la mediocridad.

Recuerda al abejorro. De acuerdo con las leyes conocidas de aerodinámica, debería ser científicamente imposible para el abejorro volar. El tamaño, el peso y la forma del cuerpo de esta abeja en relación con sus alas, lo hace teóricamente incapaz de levantarse del suelo. Pero nadie se lo ha dicho al abejorro, así que vuela de todas formas, ¡no importa lo que los científicos digan!

«Porque yo sé los pensamientos que tengo acerca de vosotros, dice Jehová, pensamientos de paz, y no de mal, para daros el fin que esperáis» (Jeremías 29.11).

Si Dios tiene un gran plan para nuestras vidas, ¿no es hora que creamos eso mismo? ¿No es tiempo que creamos lo mismo que cree Dios? Eso es llamado fe, y nuestra actitud es el barómetro de nuestra fe.

Cuando el gran arquitecto Frank Lloyd Wright tenía 83 años, se le preguntaba cuál de sus trabajos sería recordado como su obra maestra. Él replicó: «¡El próximo!»

Nuestro futuro es más brillante cuando nuestra actitud es correcta. Tendrás más energía, tu creatividad aumentará, y ¡te mantendrás más joven!

¿DÓNDE ESTÁ LA TORMENTA?

Se ha dicho que el más pequeño de los botes es seguro en el más bravo de los mares, en tanto ¡ninguno de esos bravos océanos se meta dentro del pequeño bote! Desarrollar una actitud que atrae éxito es una labor interna. Verás, tener una actitud devota no significa que nunca enfrentarás problemas o tormentas.

No recuerdo quien lo escribió, pero un viejo poema con el que me encontré reza algo así:

Un barco navega al este
    otro navega al oeste,
Mientras las mismas
    brisas soplan.
Pero es el arreglo de las velas
    Y no los vientos
Lo que determinará
    Hacia adonde irá.
Y mientras las tormentas pasan con furia,
    mientras pasamos por la vida,
Será el arreglo de nuestros corazones
    Lo que determinará adonde iremos,
No las tormentas o las dificultades.

Tu actitud es el arreglo de tu vela. Tú debes escoger la dirección en que quieres que tu vida viaje y establecer tu corazón de acuerdo a ello. Habrá tormentas, pero será tu actitud hacia esas tormentas lo que te llevará en una dirección u otra, no la tormenta en sí.

Cada uno de nosotros estará rodeado de problemas en ocasiones, y a menudo nos encontraremos ahondados en agua caliente. Pero recuerda que ese evento pronto pasará. El evento es temporario, pero los efectos de cómo respondemos en medio de esos eventos durará mucho más. Una pobre actitud en el medio de la tormenta puede causar que la tormenta se enfurezca por dentro, por toda una vida.

NUNCA DEJES QUE LAS TORMENTAS EXTERNAS SE CONVIERTAN EN TORMENTAS INTERNAS

Siempre enfrentamos tormentas en la vida, pero recuerda: Nunca permitas que una tormenta externa se convierta en una tormenta interna.

Es dentro de las tormentas que se hunden los barcos.

La Biblia está repleta con historias tras historias de cómo el pueblo de Dios enfrentó problemas.

Cuando Noé navegó el océano azul,
Él tuvo problemas tanto como tú.
Por cuarenta días manejó el arca,
Antes de encontrar un lugar para estacionar.

¿Cuántas veces nos hemos encontrado inundados con problemas? A menudo, cuando yo he estado rodeado de luchas en el ministerio, me he sentido como un domador de leones que puso un aviso en el periódico: «Domador de leones, busca león más manso».

Hace algunos años, tomé la pesca como un pasatiempo. Mis amigos y yo pescábamos en la costa este de la gran Isla de Hawai. Tirábamos las líneas al océano, y si pescábamos a la hora correcta y teníamos la carnada correcta, atrapábamos peces de buen tamaño. Cerca de ahí había una parrilla donde colocábamos nuestros trofeos. Tomábamos la pesca del día, limpiábamos cada uno de los peces y luego colocábamos nuestros trofeos en la parrilla. Aunque estos peces habían pasado toda su vida en el salado océano, adivina ¿qué usaba yo para espolvorear sobre nuestros peces mientras los cocinábamos? ¡Correcto! Espolvoreaba sal en el pez para resaltar el sabor.

Tú pensarías que hacíamos la cosa más innecesaria, considerando que el pez había sido remojado en el agua salada por lo menos por un año o dos. Pero a pesar de que este pez había vivido en el océano, nada de la sal se había metido en él.

¿Mi punto? Si Dios puede hacer eso por un pez, lo puede hacer por cada uno de nosotros.

Cada uno de nosotros ha sido situado en el medio de un mundo lleno de perspectivas y filosofías mundanales. Pero aquí está la maravilla del diseño de Dios: Aunque vivimos en medio de una «generación maligna y perversa» (Filipenses 2.15), se supone que nada de esa torcida perversidad se meta ¡dentro de nosotros!

Tu actitud te proyectará o te vencerá en el medio de las tormentas. Desarrolla bien tu actitud.

VE LAS CIRCUNSTANCIAS NEGATIVAS COMO CAMBIANDO

Varias personas me han dicho: «Yo entiendo lo que estás diciendo sobre buscar lo que es correcto. Pero no puedes negar que ¡hay problemas! *Siempre* habrá problemas. ¿Cómo tratas con ellos prácticamente?»

Seguro, siempre habrá problemas, y cada problema necesita ser confrontado. Tú necesitarás enfrentarlos y valerosamente tratar con ellos de manera que honre a Dios y que construya un carácter bíblico. De todos modos, aquí está uno de los secretos que me ha ayudado a través de los años: Siempre que hablas de problemas, habla de ellos como que están *cambiando*.

Alguien dice: «Tú tienes un problema». Tu respuesta debería ser: «Sí, lo tengo, pero ¡está cambiando!» Alguien más dice: «Bueno, tienes problemas financieros». ¿Tu respuesta? «Sí, pero ¡están cambiando!» Cuando alguien te dice: «Eh, tú tienes un mal matrimonio». Tú dices: «Sí. Pero está cambiando» Cuando alguien te dice: «Tienes mal aliento», le puedes responder: «Sí, pero está cambiando».

Cuando hablas de problemas como cambiando, ves una esperanzada luz al final del oscuro túnel. Esto es un indicador positivo de que estás creciendo.

De todas maneras, si alguien dice: «Tú tienes problemas financieros», y tú dices: «¡Vaya si tengo problemas financieros! Siempre *tuve* problemas financieros, y probablemente *siempre tendré* problemas hasta que Cristo venga», esta actitud actúa como un magneto, invitando a la depresión y al cinismo. Cierra toda tu creatividad para resolver problemas y hace que te congeles, dejándote perpetuamente en este estado de necesidad financiera.

Verás problemas en cualquier lugar, pero no permitas que tus ojos se queden enfocados en ellos. Busca respuestas y *eso* es lo que verás. Desarrolla una nueva perspectiva, una vista fresca de tus problemas. Resuélvelos; no mores en ellos. Estarás tentado a permanecer en la ciénaga de la desesperación. Se siente bien, a veces, que te tengan lástima, y algunos de nosotros buscarán razones para permanecer en nuestras circunstancias de infelicidad.

Pero no lo hagas.

El fracaso no es cuando te noquean. El fracaso es cuando te rehúsas a levantarte de nuevo. No des vueltas en los pantanos de la desesperación. Ellos tan sólo arruinarán tu actitud e impedirán tu rebote. Aprende a rebotar del suelo.

Alguien dijo cierta vez: «Cuando pases por el infierno, no te detengas a tomar fotografías».

¡Estoy de acuerdo!

CAPÍTULO TRES

ENTRENA TUS OJOS PARA VER LO QUE ES BUENO

El que procura el bien buscará favor;
Mas el que busca mal, éste le vendrá.

PROVERBIOS 11.27

Todas nuestras vidas, hemos entrenado nuestros ojos para ver lo malo. Desde una temprana edad, nos hemos entrenado a nosotros mismos incorrectamente. Nos levantamos y leemos el periódico matutino en el desayuno, tomando nuestra mínima porción diaria de malas noticias. Camino al trabajo, nos paramos en un puesto de diarios y compramos la última edición de *Malas Noticias de USA y Reporte Mundial,* para poder descubrir qué anda mal con el mundo. Después del trabajo nos apuramos y vemos «Malas Noticias de la Noche por CBS», después nos quedamos despiertos para ver los peores eventos del día de nuevo en el noticiero local en malas noticias a las diez en punto. Entonces nos acostamos para una noche sin descanso con pesadillas, solo para levantarnos con una mala actitud para tener un mal día en el trabajo, justo como lo hemos hecho durante todos los días por años.

ENTRENA TUS OJOS PARA VER LA EVIDENCIA EN SU PRESENCIA Y NO LA EVIDENCIA EN SU AUSENCIA

Tenemos que entrenar nuevamente nuestros ojos. La razón es esta: *Lo que sea que busquemos es lo que encontraremos.* Así es como Dios nos hizo. Si estamos buscando algo bueno, veremos lo que es bueno. Si siempre estamos buscando qué anda mal con la gente, ¿Qué veremos dondequiera que nos volteemos? Todo lo que está mal.

En 1984 nos mudamos a un pequeño y tranquilo pueblo llamado Hilo en el sur de la isla de Hawai. Un día mi esposa regresó a casa y anunció: «¡Querido, ahora sé lo que quiero!»

«¿Qué?» pregunté yo.

«Quiero una van Mazda MPV. ¡Cómprame una!»

«Oh-Oh», refunfuñé.

Ella dijo: «¡Pero es una van hermosa!»

Yo nunca había visto una van marca Mazda. «Mazda no fabrica vans. Yo jamás vi una».

Ella dijo: «¡Oh, sí! Las fabrican. ¡Son hermosas!»

«Querida, Mazda no fabrica vans».

Ella dijo: «¡Si lo hacen! ¡Entra en el auto!»

Nos subimos al auto y nos dirigimos hacia el pueblo. En quince minutos, una van Mazda cruzó por la intersección a la que nos acercábamos. Mi esposa exclamó: «¡Ahí hay una!»

Yo dije: «¡Esa *está* linda! No me di cuenta de que Mazda hacía vans».

En quince minutos más, otra más pasó. Ella dijo: «¡Ahí hay otra!, ¡Y ese es el color que me gusta! Si me amas...»

En una hora, habíamos visto ¡seis vans marca Mazda! Yo ni siquiera sabía que existía tal vehículo, pero de repente ¡estaban por todos lados! ¿No es así como siempre pasa? Cuando piensas en comprar cierto vehículo, lo notas en todos lados. ¡Todos están manejando tu auto!

De la misma manera, si buscamos lo mejor en otras personas, entonces veremos a las personas más hermosas del mundo, dondequiera que miremos.

Lo que estás buscando, eso comenzarás a ver.

Busca evidencia en su presencia

Entrena tus ojos para ver la evidencia en la presencia de Dios, no la evidencia de Su ausencia. Si estás buscando la ausencia de Dios, tú concluirás que este mundo es un lugar ¡abandonado por Dios! Por otro lado, si estás buscando evidencia en Su presencia, verás pronto que Él está con nosotros incluso en los momentos más oscuros.

Algunas veces tenemos una noción incorrecta de la espiritualidad. Una vez atacados por esta enfermedad, los que fueron una vez fornidos y leales cristianos en lo mejor que se convierten es en fariseos. Esta enfermedad puede afectar a cualquier creyente, pero más a menudo ataca a los cristianos más antiguos que han estado en la iglesia por cinco o más años. Los veteranos parecen estar más inclinados y susceptibles. Un síntoma que delata la presencia de esta enfermedad es que empezamos a pensar que nuestra propia madurez espiritual es medida por la cantidad de fallas que podemos encontrar en otros. Si yo detecto más faltas que cualquier otro, entonces obviamente soy más maduro espiritualmente.

¡Pero cuidado! Porque si estás buscando maldiciones, ¡las maldiciones te encontrarán a ti!

> Amó la maldición, y ésta le sobrevino; y no quiso la bendición, y ella se alejo de él. (Salmo 109.17)

Si no estás buscando lo que es bueno, entonces incluso lo bueno que está presente será difícil de reconocer.

CAMBIA TU DEFINICIÓN

Una manera de cultivar el poder de permanencia es cambiar tu definición de un evento o circunstancia. Después de todo, la manera en que defines las circunstancias determinará, en un alto grado, cómo responderás a ese evento.

CONSIDÉRALO TODO GOZO, Y OBSERVA CÓMO CRECE TU FE.

Yo viví en Eugene, Oregon, por muchos años. La ciudad de Eugene es conocida por, entre otras cosas, frecuentes cielos grises y lluvias. Siendo de Hawai, la ausencia del calor de los rayos del sol en mi cuerpo me costó cara, especialmente durante el invierno. Créase o no, recurrí a comprar una lámpara solar un año que sentí que estaba a punto de morir por la falta de ¡exposición solar!

Yo me recuerdo entrando a una cafetería con un amigo una mañana de noviembre cuando comenzó a llover. Al no esperar otro día de lluvia, me quejé: «¡Lluvia, otra vez! Me gustaría que parara».

La respuesta de mi amigo me sorprendió. «¡Hurra!» él exclamó exuberantemente. «Lluvia. Me encanta».

«¿Por qué rayos estás celebrando este clima horrible?»

«Porque significa que nieva en las montañas. ¡La temporada de ski ha comenzado!»

Mi amigo es un ávido esquiador. Él había definido a la «lluvia» como atalaya del comienzo de una gran temporada de ski. Yo, por otro lado, la había definido como la causa de otro día de depresión y terapia de lámpara solar. Entre cada evento y tu actitud concerniente a ese evento yace tu *definición* de ese evento.

> «Tened (definido) por sumo gozo cuando os halléis
> en diversas pruebas». (Santiago 1.2)

Santiago nos instruye a definir cuidadosamente nuestros eventos porque la forma en que veamos nuestras circunstancias afectará nuestras actitudes y nuestras acciones. No solo Santiago nos dice que las definamos cuidadosamente, sino que también nos dice que lo definamos ¡como gozo! No solo los buenos tiempos sino *todas* las circunstancias, incluyendo luchas, son para ser definidas como causa de gozo.

¿Cómo podemos posiblemente hacer eso? Prosigue leyendo mientras Santiago continúa:

> «Hermanos míos, tened por sumo gozo cuando os
> halléis en diversas pruebas, sabiendo que la prueba
> de vuestra fe produce paciencia. Mas tenga la
> paciencia su obra completa, para que seáis perfectos y
> cabales, sin que os falte cosa alguna». (Santiago 1.2-4)

Llegamos a definir a *todo* como gozo, incluso nuestras pruebas, cuando sabemos que el resultado positivo que cualquier evento pueda tener en nuestras vidas, profundiza nuestra fe, produce resistencia y nos hace completos y que nada nos falte. ¡Vaya! ¡Esa es una poderosa promesa!

Cambia tu definición, considerando todo como gozo, y observa cómo crece tu fe, tu resistencia aumenta y tu vida se completa. No tendrás falta de nada, simplemente porque has elegido definir las cosas como Dios las define.

DEFINE LAS COSAS COMO DIOS LAS DEFINE

David es uno de mis héroes. Él era uno de los grandes líderes de Israel, un hombre conforme al corazón de Dios mismo (ver 1 Samuel. 13.14). David enfrentó muchos desafíos, pero pareció levantarse por encima de ¡cada uno de ellos! Incluso cuando las contradicciones eran mucho mayores, algo siempre parecía impulsarlo. ¿Cómo era él capaz de hacer esto? David era un hombre que definía las cosas, no como él las veía, sino como Dios las veía.

Cuando David era todavía un joven pastor e Israel estaba en guerra con los Filisteos, él enfrentó su más famoso desafío. En vez de que dos ejércitos libren batalla a escala completa, cada lado acordó elegir a su más selecto guerrero espartano, y que ambos lo definieran, cada uno representando a su ejército entero. El ganador traería victoria a toda su nación, mientras la nación del perdedor se convertiría en esclava de la otra.

Un gigante llamado Goliat fue elegido para representar a los filisteos. Él sobrepasaba a todo hombre de Israel, ya que medía más de tres metros de altura. Su armadura pesaba más de 30 kilos. Te apuesto que era más feo que el pecado también.

Goliat impresionó tanto que cada guerrero israelita se acobardó, y se llenó de temor (ver 1 Samuel 19.24). Se escabulleron detrás de las rocas, se escondieron en cuevas y se agazaparon detrás de los arbustos. Goliat se estuvo parado sobre un monte cual matón, mofándose de los israelitas y maldiciéndolos por sus dioses.

David vio al gigante burlándose de los estremecidos israelitas, quienes se escondían en los matorrales. A pesar de tener una vista clara de la situación, David definió a los israelitas como «los ejércitos del Dios viviente» (1 Samuel 17.26).

Ciertamente no lucían como guerreros de un ¡Dios todopoderoso! Parecían gallinas que recién habían visto un zorro, o quizás un hato de pavos la noche previa al Día de Acción de Gracias. Si David hubiera descrito la situación de acuerdo a lo que él veía, él bien los pudo haber definido como pusilánimes. En vez de eso, él los llamó el ejército del Dios viviente.

David caminó hacia su sobredimensionado, infame oponente y exclamó: «Tú vienes a mí con espada y lanza y jabalina; mas yo vengo a ti en el nombre de Jehová de los ejércitos, el Dios de los escuadrones de Israel, a quien tú has provocado» (1 Samuel 17.45).

Una indignación de justicia llenó su alma, y el coraje inundó sus venas. David tomó cinco piedras lisas en su morral, cargó su honda y ¡la dejó volar! Sus años de experiencia en el fondo del desierto habían dado frutos, y la piedra sorprendió al gigante justo en ¡medio de los ojos!

El gigante murmuró: «Hombre, nunca antes entró algo así a mi mente», y se cayó de cara al piso. (La parte de la murmuración está parafraseada. No la encontrarás en tu Biblia, pero sí en la mía. Yo lo escribí en el margen. Creo que es el primer caso de un penetrante dolor de cabeza registrado en la Biblia.)

David eligió ver las cosas como Dios las veía. Y por causa de que hizo esa decisión crítica, Dios fue capaz de usar a David para vencer situaciones imposibles y guiar a su pueblo a una abrumadora victoria contra los filisteos. Tan grande fue la victoria que todavía hoy ¡hablamos de ella!

Un segundo ejemplo de David definiendo cosas como Dios lo hace se encuentra en 1 Samuel 24. Tiempo después del incidente de Goliat, David se encontró a sí mismo huyendo del malvado Rey Saúl quien quería tomar la vida del joven guerrero. La gratitud de corta duración de Saúl hacia David por haber matado al gigante se había convertido en celos a largo plazo. Aunque David era inocente, la inseguridad de Saúl lo había impulsado a deshacerse de los posibles competidores de su trono. Y aún así David siguió buscando lo mejor en Saúl, a pesar de todo.

Cultiva un espíritu de gratitud, a pesar de tus circunstancias

Era en la cueva de En-gadi donde David desplegó una cualidad de liderazgo que se habría de convertir en la marca registrada de su vida. Él se estaba escondiendo en la cueva cuando Saúl entró, inconsciente de la presencia de David. Cansado por la persecución de David, Saúl se quedó dormido. Aquí estaba la oportunidad dorada de David de deshacerse de Saúl y terminar con las ¡despiadadas cruzadas del rey! Los hombres de David lo urgieron:

> Entonces los hombres de David le dijeron: He aquí el día que te dijo Jehová: He aquí te entrego a tu enemigo en tu mano, y harás con él como te pareciere. Y se levantó David, y calladamente cortó la orilla del manto de Saúl.
>
> Y (David) dijo a sus hombres: Jehová me guarde de hacer tal cosa contra mi señor, el ungido de Jehová, que yo extienda mi mano contra él; *porque es el ungido* de Jehová. (1 Samuel 24.4-6, énfasis del autor)

Déjame preguntarte: ¿Merecía Saúl ser llamado el ungido de Dios? ¿Actuaba como el ungido de Dios? ¡Obviamente no!

Pero, nuevamente, ¿los israelitas desfallecidos por las amenazas de un matón que corrieron en toda dirección, parecían los escuadrones del Dios viviente? ¡Seguramente esto era una equivocación! Aún así, a pesar de la ceguera de David a lo obvio, Dios le dio a David victoria sobre sus enemigos y lo hizo el mayor líder de Israel.

Aquí está la perla: *David eligió definir las cosas como Dios lo definía.*

David eligió ver las circunstancias y eventos desde la perspectiva de Dios, y haciendo así, recibió fuerza y valor de parte del Señor. Sus «ojos eran claros» (ver Mateo 6.22). Su perspectiva agradaba a Dios. Por esto Dios lo hizo a David exitoso en todo lo que realizó. Esa clase de fortaleza viene solo como resultado de una ¡actitud correcta!

David era un hombre conforme al corazón de Dios, porque él definía los eventos como Dios los define.

No metas la pata dentro de la casa del padre

Muchos de nosotros sufrimos de una enfermedad de una actitud entrenada por nuestras circunstancias en vez de por el Espíritu de Dios. Cuando eso sucede, empezamos a parecernos al hermano mayor en la historia del hijo pródigo que se encuentra en Lucas 15. Su hermano menor había tomado su herencia y la dilapidó, y ahora viendo el error de sus caminos, estaba regresando a casa. Su padre se regocijó en extremo por el regreso y arrepentimiento de su hijo pródigo y llamó a su hijo mayor para regocijarse con él.

> Entonces se enojó, y no quería entrar. Salió por tanto su padre, y le rogaba que entrase. Mas él, respondiendo, dijo al padre: He aquí, tantos años te sirvo, no habiéndote desobedecido jamás, y nunca

me has dado ni un cabrito para gozarme con mis amigos. Pero cuando vino este tu hijo, que ha consumido tus bienes con rameras, has hecho matar para el becerro gordo. (Lucas 15.28-30)

¿Suena amargo, verdad?

El hijo pródigo de veras había metido la pata fuera de la casa del padre. Sin embargo, por causa de una mala actitud, su hermano mayor había metido la pata *dentro* de la casa del padre. En vez de buscar una razón para ser agradecido, el encontró una razón que podía justificar su enojo.

Verás, si lo buscas suficientemente y esperas el tiempo suficiente, siempre podrás encontrar razones para justificar tus quejas. Si te comparas a ti mismo con otros a menudo, e investiga lo que es justo e injusto, en algún momento seguramente encontrarás que tus «derechos» han sido violados, o encontrarás alguna razón para estar ofendido.

Buscar lo que es malo en la vida hace que una persona desarrolle un cáncer mortal llamado ingratitud. La ingratitud afecta nuestra actitud en formas sutiles que puede que no salgan a la superficie por años, como en el caso del hermano del hijo pródigo. A causa de su perspectiva, que estaba enfocada enteramente en sí mismo y en sus problemas, él no pudo ver la situación como la veía su padre. Por causa de una mala actitud, el joven se rehusó a darle la bienvenida a su hermano, y se perdió la bendición.

Nosotros a veces hacemos lo mismo. En vez de ver las cosas como nuestro Padre las ve y darle la bienvenida a un hermano o hermana descarriado, empezamos a juzgar o a quejarnos, diciendo: «Eh, ¿Y qué de mí? ¿Qué pasa con todo el tiempo que *yo* fui fiel?» Nuestro padre quiere que nos unamos a Él en la bienvenida a aquellos que han sufrido fuera de Su casa. Más importante aún, Él quiere asegurarse que nuestros corazones estén correctos, para que no nos perdamos Su bendición.

Nuestro comportamiento puede causarnos que metamos la pata con nuestras vidas *fuera* de la casa del Padre, pero nuestra actitud nos causará que metamos la pata con nuestras vidas *dentro* de la casa del Padre.

Ambas son devastadoras.

CULTIVA UN ESPÍRITU AGRADECIDO

> Dad gracias *en todo*, porque esta es la voluntad de Dios para con vosotros en Cristo Jesús. (1 Tesalonicenses 5.18, énfasis del autor)

Cultiva un espíritu de gratitud, sin importar las circunstancias. No solo cuando las cosas están yendo bien, sino ¡en todo! Las actitudes de gratitud nunca se desarrollan automáticamente. Debemos cultivarlas y entrenarlas de acuerdo a las direcciones de Dios, muy parecido a programar una computadora. Si nos instalamos los programas correctos, tendremos resultados correctos. Programas equivocados, resultados equivocados. Sin programas no hay resultados. Las buenas noticias son que podemos programar nuestras actitudes con gratitud para que cosechemos resultados maravillosos.

Verás, la gratitud es un espíritu, una actitud, no es una respuesta a regalos y favores que te son dados. Aprende el secreto de ser agradecido por lo que Dios ya ha hecho por ti, sin importar cómo las cosas te puedan parecer ahora. Cultiva el espíritu *antes* de recibir cualquier favor, *antes* de ganar los tantos, *antes* de que alguien sea amable contigo.

Encontramos lo siguiente en el libro de Salmos:

> Las cuerdas me cayeron en lugares deleitosos. (Salmo 16.6)

> Seremos saciados del bien de tu casa,
> De tu santo templo. (Salmo 65.4)

David escribió estas líneas de gratitud incluso mientras era fugitivo, escondiéndose de un poderoso rey que intentaba matarlo. Aunque perseguido por Saúl, el joven David era agradecido por la protección y el sostén de la mano de Dios.

Las «cuerdas» que han caído en lugares deleitosos significaron el hecho de que David sabía que tenía limitaciones en su vida. Algunas cosas estaban simplemente fuera de su control y su jurisdicción, aun así estaba agradecido. Él consideró agradables los parámetros, o limitaciones, que Dios colocó sobre él. Verás, la perspectiva de David en la vida, su actitud de excelencia, es lo que le dio su ángulo.

Tú y yo podemos cultivar la misma clase de actitud.

La vida es como un jardín. Solo crecerá lo que cultives. La gratitud vendrá cuando la cultives en el terreno de tu vida.

Toma el tiempo para apreciar

El Gran Cañón es una de las vistas mas inspiradoras de asombro en todo el mundo, extendiéndose por millas y millas. Es como si Dios hubiera sacado con una cuchara de lo vasto y hubiera regado matices de hermosos colores de arco iris, y los hubiera grabado indeleblemente en el granito y las rocas. Te puedes parar en el borde del cañón y ver a las águilas planear debajo de ti. El Gran Cañón es verdaderamente una de las obras maestra de Dios de este lado del cielo.

Hace algunos años atrás, llevé a unos niños de un grupo de jóvenes en Oregon en un viaje para experimentar el Gran Cañón. Nuestro viaje incluyó a 80 niños gritando apretujados en siete vans. Yo había estado manejando con ellos por dos días para compartir con ellos una de las más grandes maravillas naturales de la Tierra.

Después de un largo viaje, finalmente llegamos, cansados pero llenos de anticipación. Saltamos fuera del van y nos apuramos hacia el mirador. Subiendo a una de las plataformas de observación, donde fuimos recibidos por una caliente embestida termal sobre nuestros rostros. El viento nos voló el cabello hacia atrás, y pudimos ver a las águilas planeando. *¡Vaya!* Pensé. *¡Esto es hermoso! ¡Podría estar aquí todo el día!*

Pasados tres minutos, los niños me miraron y me dijeron: «¡Está bien! Eso fue bonito. ¡Vámonos!»

Yo dije: «¿Vámonos? Miren esta vista. ¡Es increíble!»

«Sí, es lindo, Wayne, verdaderamente lindo. Ahora, vayamos a buscar un McDonald's».

Yo grité: «¡Esperen! Ustedes niños se quedarán aquí. Ustedes van a disfrutar esto. Permanecerán aquí y disfrutarán esto por lo menos por diez minutos. ¡No he viajado dos días completos para irnos luego de tres minutos a un McDonald's! Les gustará esto. ¡Abrirán sus ojos y sólo miren!»

En lo que pude haber fallado es darme cuenta de que estos niños fueron criados por la televisión y que ellos habían visto el Gran Cañón muchas veces antes. A través de la maravilla tecnológica de una pequeña videocámara montada en una estructura de aluminio de un ala delta que se desliza, estos niños habían volado sobre y entre las grandiosas hendiduras, capturando su belleza desde miles de ángulos diferentes. Habían visto el Cañón a través de las lentes de la historia mientras un geólogo les permitía el punto vista de su mente. Lo habían visto desde la perspectiva de balseros en una excursión de aguas rápidas, cortando a través del río del cañón debajo de una catedral multicolor que se elevaba.

Aunque esta era su primera experiencia de hecho, pararse sobre un mirador, comparado con lo que habían visto en TV. y pantallas de cine, me imagino que ¡no era tan grandioso! Nuestro mirador nos proveía tan sólo de una estrecha vista.

El Talmud, un libro de escrituras judías, dice: «Dios nos hará responsables por todas las cosas que puso en esta tierra para que las disfrutemos y no que no nos hayamos tomado el tiempo para hacerlo». Al entrenar tus ojos para ver lo que es bueno, toma el tiempo para disfrutar las cosas simples de nuevo. Pausa lo suficiente para oler las flores. Detente el tiempo suficiente para ver un amanecer o un atardecer. Cultiva la gratitud.

Cuando lo hagas, empezarás a condicionar tus actitudes, a cultivar un espíritu agradecido, y tendrás pronto un jardín floreciente de felicidad.

Aprende a disfrutar el paseo

Una de las formas que el Señor ha entrenado nuestro corazón para cultivar la gratitud es enseñándonos a disfrutar este paseo llamado vida. Habrá desafíos y colinas que escalar en este viaje. Es un hecho. Una vez que sabes que las colinas y desafíos siempre estarán ahí, serás capaz de esperarlos y no ser sorprendido por ellos, lo que te liberará y te capacitará para disfrutar el paseo.

> ### Dios nos ha dado un maravilloso mundo en el cual vivir, un mundo lleno de maravillas, Su pueblo y Él mismo.

Dios creó cosas para que nosotros las disfrutemos. Detente y disfrútalo. Disfruta la vida. Disfruta los rayos del sol. Disfruta la lluvia. Cuando vas a casa, disfruta la comida. Cuando tu esposa dice: «Por favor corta el césped, querido», ¡disfruta cortar el césped! Lleva al perro a caminar. Disfruta la caminata y disfruta el tiempo con tu perro. Esta vida es demasiado corta como para que no la disfrutemos. Disfruta el paseo.

La Biblia dice que el gozo del Señor es nuestra fortaleza (ver Nehemías 8.10). Pero a menudo cojeamos débilmente por la vida porque nos hemos olvidado de llevar con nosotros nuestro gozo. Dios nos lo ha empacado, pero nos olvidamos de llevarlo. Por cada viaje, cada actividad de tu día, lleva un paquete fresco de gozo.

Cierto verano mi familia y yo fuimos a Disneylandia. Una de las atracciones que mi hijo quería probar era el paseo Indiana Jones. Yo dije: «¡Sí, vamos!» Ahora bien, yo soy una persona analítica, y observo las cosas. Mientras nos abrimos camino hacia la línea dije: «¿Aarón, ves eso? ¿Ves esa pequeña criatura en la roca? No es una criatura verdadera. Es un aparato mecánico que es activado por computadoras».

«¿En serio?» preguntó.

«Sí ¿Y ves esas formas en la pared? Son hechas por una luz proyectada a través de un filtro especial. Ese filtro se llama gobo. ¿Lo ves?»

«Oh, sí» dijo Aarón. «Genial. Genial».

Mucho más motivado por su interés, continué. «¿Ves esa roca allí, con la neblina deslizándose a través de ella? Ese humo viene de una máquina, no es realmente niebla matutina».

«¿De verdad?»

«Sí. ¿Y ves eso allí, hijo?»

«Sí».

«Es un espejo».

«¿De veras?»

Nos subimos a un auto. «¿Aarón, ves este jeep que está pintado para parecer viejo?»

«Sí».

«Aunque, es nuevo. Mira el número de serie».

«¡Sí, lo es!»

«Y mira debajo del tablero. No hay cables. ¿Sabes por qué? Porque estamos sobre rieles». Mientras me iba transformando en una combinación del señor Spock y Sherlock Holmes, el jeep se lanzó hacia delante y estábamos en movimiento. La velocidad aumentó, y fuimos azotados en una curva, soportando los gritos de unas niñas en el auto junto a nosotros.

«Estuvo bueno, Aarón, pero si hubiera estado orillado otros diez grados, la fuerza-G hubiera sido mejor. ¡Realmente hubiera hecho que te descompongas!»

«¡Grandioso, papá!» dijo Aarón, teniendo que gritar para poder ser escuchado.

«¿Ves eso, Aarón? ¡Es otro espejo!» Grité mientras volábamos por los rieles.

Para este momento, Aarón no estaba respondiendo a mi análisis intelectual del paseo. Él estaba casi volando, con su cabeza y cuerpo siendo azotados, retorcidos y derribados con cada vuelta de los rieles.

«¿Ves esa roca que viene hacia nosotros? ¡Está sobre carriles!» grité. «¡Volverá y será reprogramada por el siguiente auto detrás de nosotros! No muy efectivo, ¿no?»

Pronto el jeep llegó a una parada y el paseo había terminado. «Sabes, Aarón, si hubiéramos hecho una curva más cerrada en la segunda horquilla, hubiera sido mejor».

Aarón me paró con un tono menos que gracioso: «He, papá, ¡basta!»

«¿Qué quieres decir con basta?»

Sin contestar, se dio vuelta y comenzó a caminar. «He, tú, ven aquí. Tengo más cosas para decirte», lo llamé. Él siguió caminando.

«¡Basta!» exclamó. «¡No paseo más contigo!»

«De acuerdo. Te veo más tarde», le dije. Luego, rezongando y renegando pensé: *¡Niño tonto! Simplemente no escucha, ¿verdad? Ese es su problema.*

Mientras caminaba pateando el polvo el Señor habló a mi corazón: «Te perdiste todo el paseo, ¿verdad? Estabas tan ocupado tratando de descifrarlo todo que te perdiste todo el paseo».

Me detuve y pensé, *Sabes, ¡es verdad! Ni siquiera recuerdo el paseo. Estaba tan compenetrado en cada pequeño detalle, ¡que me perdí todo el paseo!*

¿Alguna vez hiciste eso? Te has concentrado tanto alguna vez en los detalles de la vida que, antes de que lo sepas, ¿el paseo se terminó? ¿Te has enredado alguna vez tanto en los preparativos de una boda, que te perdiste la boda? ¿Alguna vez te has distraído tanto con la limpieza de tu casa antes que lleguen los invitados, que has alienado a toda tu familia en el proceso? Tan a menudo somos tan cortos con otros, que culpamos a nuestra familia y calmamos a nuestros vecinos en tiempos de estrés. Somos como Marta, que «se distraía tanto con todos sus preparativos» que se comenzó a quejar. Volviéndose a su honrado huésped, Jesús, ella explotó: «Señor, ¿no te da cuidado que mi hermana me deje servir sola? Dile, pues, que me ayude» (Lucas 10.40). Nos distraemos tanto con los pequeños detalles, ¡que nos olvidamos de disfrutar el paseo!

Nos perdemos los amaneceres y los atardeceres, demasiado a menudo nuestros hijos crecen sin nosotros, y la belleza de este paseo llamada vida pasa desapercibida. ¡Mis propios hijos han crecido tan rápido! Me parece que era hace unos días que estaban en pañales. Entonces, muy de repente, están caminando a la plataforma para recibir sus ¡diplomas de la secundaria! Al siguiente minuto se fueron y el paseo terminó.

Comenzamos nuestros días con una sacudida de café, nos motorizamos de tarea en tarea, y regresamos a casa exhaustos, sólo para levantarnos y hacerlo todo de nuevo. ¡No te pierdas el paseo! En lugar de conducir a una velocidad implacable, aminoremos. Dios nos ha dado un mundo maravilloso en el cual vivir, un mundo lleno de Sus maravillas, Su Pueblo y Él mismo. Está todo allí, si tan sólo nos tomamos el tiempo para disfrutar.

Me ha tomado un tiempo aprender esta lección esencial. Y estoy tan feliz. ¡Finalmente lo entendí! Aquí hay algunas maneras que aprendí parta disfrutar el paseo:

1. Tómate unos minutos hoy y escribe los nombres de dos personas que aprecies. Pueden ser personas que hayan pasado desapercibidas. Pueden ser un cónyuge, un amigo o alguien que hizo una buena obra que nadie notó. Escríbeles una nota de agradecimiento. Asegúrate de agregarle tanto detalle como puedas acerca de cómo la acción de la persona te bendijo. ¡Y envíasela!

2. No te olvides de reír. Algunos de nosotros necesitamos aprender a reír otra vez. Hay mucho de qué reírse en la vida y necesitamos reírnos. Párate desnudo frente a un espejo. Tan sólo eso debería encargarse de tu cuota de risa por un día o dos. Mantén un registro de cuantas veces ríes hoy. Puede ser por cualquier razón, ¡pero trata de reír al menos cinco veces! Encontrarás grandes oportunidades escuchando a los niños o pasando algunos minutos más en el comedor con tus compañeros. Si eso no funciona, ve al baño (¡de nuevo!) e imagínate entrando a un concurso de caras graciosas. Practica delante del espejo. (¡Asegúrate que nadie más esté en el baño en ese momento! Quizá quieras corroborar todos los compartimentos antes de proceder.)

3. Haz algo para ti mismo hoy. Escríbelo en tu programa. A menudo me detengo camino a casa en una pequeña tienda de yogurt, para darme un deleite helado. ¡Ah, el éxtasis de aquellos pocos minutos! Esto me desacelera antes de llegar a casa. Para ti, puede que sea una corta carrera, una caminata o escuchar algo de tu música favorita. Lo que sea, tómate tiempo para disfrutar la vida en su forma más simple.

4. Hazte un nuevo amigo hoy. Si te fuera dada la asignación de hacer un nuevo amigo hoy, ¿cómo lo harías? Toma tan sólo unos pocos minutos detenerse e interesarse en la vida de otra persona. Pregunta a esa persona acerca de su familia, sus sueños, o sus luchas. Luego escucha. Escucha de verdad. ¡Te sorprenderá de cuántos amigos harás en el período de sólo unos días! Dicho sea de paso, un gran lugar para empezar es con tu familia. Te sorprenderá cuántos de nosotros estamos emparentados, pero no somos amigos. La vida es demasiado corta para

eso. Estableciendo profundas relaciones con tu familia, empezarás a cosechar una de las mayores recompensas y promesas de Dios.

Pausa lo suficiente como para disfrutar el paseo. Entrénate para ver lo que es bueno. Tómate el tiempo para reír con otros. Ríete de ti mismo. Aunque haya imperfecciones y reveses periódicos, te sorprenderá cuán maravillosa la vida puede ser cuando tienes una buena actitud.

Escucharás mejor a Dios. Disfrutarás de Su presencia.

Serás placenteramente sorprendido por cómo una nueva perspectiva te ayudará a desarrollar que atrae amigos, risas, gozo y éxito.

Capítulo cuatro

ELEVAR LA BARRA DE LA EXCELENCIA

Si se embotare el hierro, y su filo no fuere amolado,
hay que añadir entonces más fuerza.

Eclesiastés 10.10

Desarrollar tu actitud es como desarrollar tu habilidad en un instrumento musical, requiere práctica para mejorar.

Cuando el gran pianista Polaco Ignacy Jan Paderewski fue electo primer ministro de su país, hizo un pedido previo a aceptar ese prestigioso puesto. Él lideraría el país, pero le debía ser permitido practicar sus escalas dos horas cada día. El virtuoso guitarrista Andrés Segovia requiere lo mismo de sus estudiantes, tocar las escalas dos horas por día.

No obstante, ¿quién toca escalas en un concierto? Tú nunca has oído una composición por Mozart o Brahms titulada *La escala eólica* o *La escala mayor*. Sin embargo, si no está plenamente familiarizado con las escalas, un músico permanecería mediocre en su arte. Es el dominio completo de lo básico lo que da a luz la libertad de expresión, lo que facilita cada movimiento y lo que da coherencia en la entrega de cada frase.

Haz algo para tener «aún más excelencia» por amor al reino

Así es en cada uno de nosotros con nuestras actitudes. Aunque hayamos sobresalido en nuestra forma de encarar la vida, debemos continuar desarrollándonos cada día. Necesitamos practicar teniendo una actitud excelente en toda y cada empresa, ya que siempre será verdad que podemos mejorar la forma en que vemos a los problemas, a la gente y a la vida.

Luego de la Segunda Guerra Mundial, el general Douglas MacArthur fue a Japón para evaluar la reedificación de esta nación arrasada por la guerra. La economía de Japón estaba devastada; la nación estaba lidiando, teniendo que usar las sobras como recursos para sólo mantenerse a flote. Como resultado, cualquier juguete o aparato con la leyenda *Fabricado en Japón* era marca registrada de una cosa: calidad pobre. De modo que el general MacArthur trajo a uno de los mejores expertos en control de calidad de Estados Unidos, el doctor W. Edward Demming.

Luego de mucha evaluación y escrutinio, Demming surgió con una serie de principios de empresa para ayudar a revertir la economía de Japón. Llamó a los más influyentes empresarios del país y les ofreció una promesa. Básicamente dijo: «Si ustedes mejoran algo acerca de ustedes mismos y de sus productos cada día y hacen de la calidad no meramente algo para mantener sino un logro y un modo de vida, ustedes revertirán la economía de Japón en 10 años. Luego, si continúan mejorando cada día, aunque sea minúsculo, en tres décadas se convertirán en un poder económico mundial».

Esa era una promesa bastante grande para hacer a aquella luchada nación, pero la tomaron, anzuelo, línea y plomada. Hasta acuñaron una nueva palabra para esta propuesta: *kaizen*. La palabra significa un constante, siempre-creciente mejoramiento que define a la calidad no como algo para ser mantenido sino algo que se debe vivir sobre una base diaria.

En los siguientes 10 años las empresas de Japón hicieron exactamente eso. Examinaron al automóvil americano, luego lo mejoraron y se lo vendieron a clientes americanos. La gente comenzó a comprar todo lo que Japón producía por causa de la mejorada calidad. El ingenio de los japoneses aumentó y mejoraron las marcas ya existentes de aparatos, electrónica, herramientas, cámaras y relojes. Pronto sus productos estaban en demanda en todo el mundo.

En 10 años la economía de Japón se había revertido y en tres décadas el país se había convertido en un poder económico mundial. Hasta el día de hoy uno de los más prestigiosos premios de empresas es el premio *W. Edward Demming*.

Si el cambio de actitud puede lograr eso en la economía de una nación, ¿cuánto más deberíamos nosotros procurar hacer lo mismo como edificadores del reino de Dios?

CAMBIA TU ACTITUD POR AMOR AL REINO

Por lo demás, hermanos, os rogamos y exhortamos en el Señor Jesús, que de la manera que aprendisteis de nosotros cómo os conviene conduciros y agradar a Dios, *así abundéis más y más.* (1 Tesalonicenses 4.1, énfasis del Autor)

¿Qué está diciendo Pablo en este pasaje? Sigue mejorando por amor al Reino. Debes estar dispuesto a mejorar. Dispuesto a ser mejor.

Aunque sea el 1 por ciento por día, mejora algo acerca de ti mismo. ¡Afila algo! Si puedes mejorar el 1 por ciento por día, eso significa que en un año habrás mejorado más del 300 por ciento para el reino de Dios. Sólo el 1 por ciento por día.

DESPOJÉMONOS DE TODO PESO Y DEL PECADO QUE NOS ASEDIA, Y CORRAMOS CON PACIENCIA LA CARRERA QUE TENEMOS POR DELANTE.

HEBREOS 12. 1

Busca algo para mejorar de ti mismo. Puede ser la forma en que te paras o te peinas el cabello o algo para mejorar tu higiene. Puede ser la forma en que das la mano o la forma en que miras a la gente a los ojos cuando les hablas. Puede ser algo acerca de tu postura o tu hablar. En lugar de responder a los pedidos diciendo entre labios: «Está bien» di: «Seguro, me encantaría». Cuando alguien pide tu ayuda en lugar de replicar «Creo que sí», di: «Estaría más que honrado de ayudar».

¿Dónde puedes ayudar? Quizá sea en tu disciplina, la forma en que tratas a tu cónyuge o la manera en que hablas de tu fe. Haz algo para «tener más excelencia» por amor del reino. ¡Mejórate el 1 por ciento diario por un año y ve cuánto creces! ¡Eleva la barra!

Descrube el potencial dentro de ti

Yo jugué al balompié en la Universidad de Oregon, donde la cancha se encontraba en medio de un campo de atletismo. Rodeándonos, los atletas practicaban el salto en alto, salto con garrocha, el triple salto y otros eventos de pista y campo. (Incidentalmente, Eugene, Oregon, es la Meca para los deportes de pista y campo. De hecho, es allí donde Nike comenzó.)

Recuerdo que me intrigaba un persistente saltador en alto. Cierto día él estaba practicando para un prestigioso encuentro deportivo, para el que faltaban aún ocho meses. La barra para el salto en alto estaba a 5 pies 9 pulgadas. Ahora bien, 5 pies 9 pulgadas es más que mi altura, ¡de modo que para mí eso es alto! Hizo su intento y logró superar la barra. Lo miré y pensé, *¡Vaya! ¡Eso es asombroso! Sin resortes, sin pogo stick, ¡Sólo saltó!* Si yo alguna vez pudiera superar esa barra a 5 pies nueve pulgadas, me jubilaría. Me tomaría una foto al lado de esa barra a esa altura, me compraría el trofeo más grande que encuentre y me jactaría sin fin delante de mis hijos. Pero este atleta no. En lugar de jubilarse, él elevó la barra y saltó otra vez. Saltó a 5 pies 10 pulgadas y en lugar de quedar satisfecho, elevó la barra otra vez. ¡Esto hizo por ocho meses!

Finalmente, llegó el día de la competencia. Me compré un boleto para ese evento sólo para mirar a este saltador en alto, que se había convertido en el objeto de mi interés por los últimos ocho meses. El estadio estaba colmado cuando comenzó la competencia de salto en alto. Muchos de los saltadores fallaron antes, no pudiendo pasar la barra a los 6 pies 1 pulgada y 6 pies 2 pulgadas. Finalmente la barra estaba colocada a 6 pies 4 pulgadas. Mi saltador era el último competidor. Se le darían tres oportunidades de pasar a 6 pies 4 pulgadas, y si lo lograba, ganaría la competencia.

Salió en su primer intento, pero dio contra la barra, arrastrando la barra al caer al suelo. En su segundo intento, descolocó nuevamente la barra. La multitud se puso nerviosa con anticipación mientras él enfrentaba su tercer y final intento. Todavía recuerdo cómo él consultaba con su entrenador, probablemente acerca de cómo echar su cabeza, del arco de su espalda o del ritmo de su pie. Cuando mentalmente hubo repasado cada paso y maniobra, volvió al campo. Clavó sus ojos en la barra como haciendo un trato con ella.

Después de lo que pareció una eternidad, el joven asintió levemente y comenzó su larga, semicircular carrera hacia la barra. Luego, con cada gramo de su fuerza y poder plantó un pie en el suelo y se lanzó a su salto final. Cada tendón y coyuntura se tensó mientras catapultaba su cuerpo en el aire. Arrojó su cabeza hacia las nubes; su espalda se arqueó en un curva precisa sobre la cima de aquella barra, su pie reaccionó en el momento preciso y empezó su descenso. *¡Había logrado pasar la barra!*

Sus compañeros salieron aprisa de las gradas, vivando. Atrapado en la emoción de aquel momento, me encontré yo mismo llorando y corriendo hacia aquel campeón diciendo: «¡Ni siquiera me conoces, pero quiero darte un abrazo!» ¡Su hazaña me resultaba asombrosa! Yo recordaba cuando intentaba pasar los 5 pies 9 pulgadas. Pero todo el tiempo estaba dentro de él el potencial de superar los 6 pies 4 pulgadas. *No obstante, nunca se hubiera percatado de aquel potencial a menos que se dispusiera a elevar la barra.*

Algunos de nosotros hoy estamos saltando a 2 pies 6 pulgadas en nuestro diario vivir. Creemos que es suficientemente bueno. Pero Dios dice: «¿Qué estás haciendo a 2 pies 6 pulgadas?»

Puede que algunos respondan. «¡Yo no! Soy de la clase de personas de los de 2 pies 6 pulgadas». ¡Mas Dios sabe que hay tanto más dentro de ti! ¡Mucho más! Pero a los efectos de lograr más, debes estar dispuesto a elevar la barra.

Dios no insiste en que elevemos la barra de a un pie a la vez. Una pulgada está bien. Esto significa que debes incrementar tus habilidades. Sigue mejorándote por amor al reino de Dios, ya sea en la profundidad de tu fe, la forma en que tratas a la gente o tu manera de pensar. Mejora estos el 1 por ciento por día, y el potencial que Dios ha colocado en ti comenzará a emerger.

Pero primero debes estar dispuesto a elevar la barra.

VENCE LOS PUNTOS DE DESISTIR

Entre las cosas que libran guerra contra nuestra búsqueda de la excelencia están los puntos de desistir, puntos donde tendemos a darnos por vencidos. Aquí es donde una persona o tarea prueba tu paciencia hasta un cierto límite y tú dices: «¡Ya está! No aguanto más». Esto puede pasar en nuestros trabajos, en el trato con nuestros hijos y en nuestras luchas con la tentación. Cada uno de nosotros tiene puntos de desistir. ¿Cuáles son algunos de los nuestros?

Quizás tengas una baja tolerancia en problemas relacionales. Cuando las cosas van bien, no hay problema. ¿Pero qué pasa cuando la temperatura se empieza a elevar y ustedes dos ya no se miran a los ojos en cosas que solían hacerlo? Tú sientes el fragor. Finalmente, cuando la temperatura de relación en el termómetro marca 104 grados (98 u 84), tú dices: «¡Basta! Ya no lo soporto más. ¡Me voy de aquí!»

Cuando llegamos a un cierto nivel físico, emocional y mental de dolor, alcanzamos un punto de desistir y nuestros sistemas se empiezan a apagar. Este punto de desistir puede ser el resultado de hábitos pasados, o puede simplemente ser nuestro predeterminado nivel de tolerancia para resolver problemas. Cual sea la causa, tendemos a escaparnos con nuestra predecible consistencia en un cierto punto de desistir.

En una escala de 1 a 10, siendo 1 «sin dolor» y siendo 10 «extremadamente doloroso», ¿Cómo andas? Cuando una situación llega a ser un 4, ¿es ese tu punto de desistir? ¿Cuándo alguien te da problemas o no acepta tus sugerencias, cuando las cosas no van exactamente como tú las quieres, empiezas a contar, «¡Uno, dos, tres, cuatro! ¡Se acabó! ¡No aguanto más!» y te vas?

El diablo es sagaz. Puede que sea derrotado, pero no es estúpido. Él es astuto y engañoso, y amaría más que cualquier cosa llevarse a la mayor cantidad de hijos de Dios como le sea posible antes de que su tiempo se termine. Y puedes apostar que él conoce tus puntos de desistir.

Te apuesto que Satanás tiene registros estadísticos de cada uno de nosotros, como un entrenador de fútbol universitario mantiene con los jugadores del equipo contrario. Él tiene un archivo con tu nombre adentro, y en este archivo tiene un gráfico de todos tus comunes puntos de desistir. Y él sigue llevando cuentas de estas cosas. El diablo sabe si, en una escala de dolor de uno a diez, tú fallas en 5.5 cada vez. ¿Entonces cómo usa él esa información en contra tuya?

Cuidado, Satanás tiene tu número

El diablo sabe que lo que sea que necesites hacer para evitar el dolor o las consecuencias, lo harás. Incluso si significa ir en contra de tu fe, tu familia o los planes de Dios para tu futuro. Si no estás dispuesto a vencer tus puntos de desistir, tú dejarás que la evasión del dolor se convierta en tu dios. Entonces todo lo que el diablo necesita hacer es causar algunos temblores, una pequeña actividad sísmica en tu vida, para empezar a arruinar tu resolución. Podría empezar con una queja menor o una crítica sobre tu peso o actuación que desmoraliza una relación. Podría haber mucho más daño por la pérdida de alguien cerca de ti que te rehusabas a soltar. Tu frustración puede ser mucho más agraviante por una pérdida financiera o un revés de salud. Pronto el termómetro marca 104 grados, y tú sabes qué viene a continuación. Algunas personas se escapan, otras explotan en ira, mientras que otros usan estas circunstancias como excusas para sumergirse en la botella o en una aventura.

Hay una cierta medida de cada hombre o mujer que los lleva a escaparse de un compromiso, ya sea un matrimonio, una amistad o fe. ¿Cuál es el umbral de tus puntos de desistir?

> Porque os es necesaria la *paciencia*, para que habiendo hecho la voluntad de Dios, obtengáis la promesa. (Hebreos 10.36, énfasis del autor)

Marca la palabra «paciencia» en tu corazón y mente, porque necesitas paciencia para vencer esos puntos de desistir y seguir avanzando.

Toma una decisión ahora para cambiar. Aumenta tu capacidad de enfrentar problemas y descubrir cuánto más fructífera puede ser la vida.

PAGA EL PRECIO PARA EDIFICAR EL CARÁCTER

Lo más profundo que sea tu carácter, lo más fácil será para ti desarrollar una actitud de excelencia. De hecho, si deseas experimentar éxito y fructificación en la vida, el carácter es un fundamento necesario. Sin él, nunca sobrevivirás al éxito.

Aunque Dios desea el éxito para cada uno de nosotros, el éxito viene con inherentes trampas a las que la carne es vulnerable. Si hay en ti superficialidad de carácter, fácilmente caerás presa en las garras del orgullo, de la avaricia, de la codicia o del abuso de poder.

¿Entonces cómo desarrollas el carácter?

Queremos que las cosas buenas de la vida nos sean entregadas en bandeja de plata. Pero hay un precio que pagar por un carácter devoto. Dios usa las luchas y los tiempos difíciles para madurarte espiritualmente y para desarrollar en ti el carácter necesario para que seas fructífero en tus relaciones y finanzas.

> En esto es glorificado mi Padre, en que llevéis mucho fruto, y seáis así mis discípulos. (Juan 15.8)

Imagina que eres el dueño de un diamante de cuatro quilates que vale cuatro mil dólares. Este hermoso diamante es delicadamente exhibido en una estructura hecha de cinco o seis dedos llamados engarces. Si los engarces son suaves o tienden a doblarse, entonces un golpe seco y el diamante se perdería para siempre. Un joyero calificado nunca montaría tal piedra en una estructura débil.

El joyero trabaja diligentemente en la estructura de cada piedra. Cuando el diamante es pulido e instalado, los dedos de la estructura son hechos para que empuñen apretadamente la piedra. La estructura no sólo exhibe la radiante belleza del diamante sino que también lo sostiene. Entonces cuando el anillo es golpeado, los engarces no lo soltarán.

El carácter es como la estructura de un anillo. Si no le permitimos a Dios que edifique en nosotros un carácter fuerte, entonces no estaremos listos para el éxito cuando Él nos lo traiga a nuestras vidas.

El carácter no es barato. Viene con un precio, el precio de enterrar tus rodillas en la alfombra, el precio de estudiar, el precio de sufrir y el precio de ir a través de luchas y disciplina. Debemos estar dispuestos a pagar el precio. Veamos lo que el apóstol Pablo dice acerca del precio:

Todo lo demás carece de valor cuando se compara con la ganancia sin precio de conocer a Jesucristo mi Señor. Así que, *no importa lo que cueste,* yo seré el que viva en la fresca novedad de vida. (Filipenses 3.8, 11. LBV, énfasis del autor)

Marca estas cinco palabras en tu corazón, «no importa lo que cueste». Debes estar dispuesto a pagar el precio por el carácter, no importa lo que cueste. Y no importa lo que cueste, ¡seamos contados entre aquellos que viven en la novedad de la vida!

Para sentirte bien acerca de ti mismo: ¡Manténte limpio!

Manténte limpio. No estoy hablando del olor corporal; estoy hablando del pecado en tu vida. No puedes sentirte bien acerca de ti mismo viviendo en pecado. Simplemente no hay modo. Tampoco puedes sentirte bien cuando estás tolerando el pecado. Arrepiéntete tan a menudo como te sea necesario a los efectos de mantenerte limpio. No toleres pecados irresueltos en tu vida. Recuerda, no es sólo el pecado el que destruye al pueblo de Dios, ¡es el pecado irresuelto!

> Si en mi corazón hubiese yo mirado a la iniquidad,
> el Señor no me habría escuchado. (Salmo 66.18)

En el libro de Josué un hombre llamado Acán pecó al robar cosas que él sabía que no debía tomar. Sin embargo, pecó y luego trató de ocultarlo. Pensó que si ninguno lo sabía, nadie sería lastimado.

Al siguiente día, los hombres de Israel libraron batalla y fueron duramente derrotados por el enemigo. Josué estaba confundido con la derrota ya que Dios había prometido a los

Israelitas victoria sobre sus enemigos. ¿Por qué habían sido derrotados? Josué le preguntó a Dios, quien le respondió: «Israel ha pecado... por esto los hijos de Israel no podrán hacer frente a sus enemigos» (Josué 7.11,12).

Una investigación posterior reveló que Acán había desobedecido los mandamientos de Dios, y su pecado irresuelto había causado la debilidad del ejército en la batalla. Mas una vez que el pecado de Acán fue revelado y el campo limpiado, nuevamente los Israelitas saborearon la victoria.

Verás, pecado irresuelto en tu campo puede hacer que pierdas bendiciones de Dios. Pecado sin resolver roba tu confianza y hace que tengas una actitud de derrota y temor. De manera que manténte limpio y permanece en el fluir de las bendiciones de Dios.

Una de las maneras en que intentamos resolver el pecado es renombrándolo. Cambiamos la palabra «pecado» por algo más tolerable:

- «Es un modo de vida alternativo. ¿Qué tiene de malo ser homosexual?»
- «Vivimos en pareja. Oye, vivimos juntos, pero nos amamos. Planeamos casarnos algún día».
- «Es solo un hábito social. Puedo dejarlo cuando quiera».

Déjame compartir contigo por qué esta línea de pensamiento es tan peligrosa. Verás, no hay perdón para el «vivir en pareja». No hay perdón para un estilo de vida alternativo o una adicción. Solo hay perdón para el pecado:

Si confesamos nuestros pecados, él es fiel y justo para perdonar nuestros pecados, y limpiarnos de toda maldad (1 Juan 1.9).

Hasta que digamos que es pecado, el perdón no estará disponible para nosotros. ¿Puedes ver cuán importante es esto? ¿Reconoces la sutil estrategia del enemigo de tomar la palabra «pecado» para colorearla y oscurecerla? No pensamos que necesitamos perdón porque hemos justificado el pecado ante nuestros ojos.

De acuerdo, pero nadie es perfecto. Todos nos deslizamos aquí o allí. Pero ¿nos descalifica eso? ¿Cómo mantenernos limpios?

MANTÉN LA CASA LIMPIA

Mi esposa mantiene la casa limpia, pero eso no significa que nunca se ensucie. Eso sería imposible. ¿Por qué? ¡Porque tenemos tres niños! Cuando te digo que mi esposa mantiene la casa limpia, lo que estoy diciendo es esto: aunque nuestra casa se desordena, no queda así por mucho tiempo antes de ser limpiada. Y cuando vuelve a desordenarse, pronto el orden vuelve a ser restaurado.

Lo mismo debería suceder con cada uno de nosotros. Aunque te tambalees, tropieces y caigas, no toleres ninguna situación sin resolver. No vivas con eso ni permitas que se quede de esa manera mucho tiempo. Límpialo.

Tropezarás. Límpialo.

Cometerás un error. Límpialo.

No puedes desarrollar una actitud devota cuando estás viviendo con pecados irresueltos. ¡Mantente limpio!

Hudson Taylor fue misionero en China. Él entendió la importancia de mantenerse limpio. Supo que una persona arrepentida es una persona saludable. Una iglesia arrepentida sería una iglesia saludable. Esto fue tan importante para él que cuando saludaba a la gente durante el día, no le daba la mano y le preguntaba: «¿Cómo está usted hoy?» En lugar de ello, le daba la mano y le preguntaba: «¿Se ha arrepentido hoy?» Taylor no estaba tratando de ser condescendiente sino que en lugar de eso trataba de animar sinceramente a la gente a ¡mantenerse limpia!

Dios te ama y quiere perdonarte. El perdón para el pecado está abundantemente disponible. Si has pecado, di: «Señor, perdona mi pecado». Dios no te condenará; te invitará a Su hogar, donde te lavará y cubrirá con Su perdón. Dios nunca te habla en palabras de condenación. Siempre te hablará con palabras de invitación. Esa es la clase de Dios a quien servimos. Nunca creas las mentiras del diablo, que pinta a Dios como el tipo malo, un tirano legalista. ¡Dios te ama! ¡Él murió por ti! ¿Te dice eso cuán valioso eres para Él?

Manténte limpio. Quédate dentro de la abundante gracia de Dios y haciéndolo, Él podrá continuar construyendo un carácter con calidad de diamante en ti. Con este carácter fuertemente en su lugar, estarás listo para que Él disponga Su mejor plan en tu vida. ¡Y en eso, verás la evidencia de una vida que sobrepasa la barra de la excelencia!

CAPÍTULO CINCO

TOCA LA MÚSICA DE FONDO CORRECTA

*Hablando entre vosotros con salmos, con himnos
y cánticos espirituales, cantando y alabando
al Señor en vuestros corazones.*

EFESIOS 5.19

Dios creó a cada ser humano con un sistema musical de sonido envolvente incorporado. Se asemeja a la música de espera que escuchas cuando estás aguardando para hablar con tu doctor o la música que resuena a través del centro comercial para animarte a comprar más.

Todo lo que es verdadero,
todo lo honesto,
todo lo justo, todo lo puro,
todo lo amable,
todo lo que es de buen nombre;
si hay virtud alguna,
si algo digno de
alabanza, en esto pensad.

Filipenses 4.8

Nuestra música interna está compuesta por los pensamientos que pensamos una y otra vez. Estos incluyen recuerdos seleccionados, tal vez algo que tu mamá o papá alguna vez te dijeron, una palabra de aliento de un profesor o la forma en que te sentiste cuando fuiste elegido para estar en el equipo o para ser el amigo de alguien. Mientras persistes en estos recuerdos, experiencias y pensamientos, ellos son tocados en la pista de tu mente y suenan continuamente todo el día.

Lo que sea que suene en este sistema de sonido interno afecta todo sobre ti, tu actitud, tu autoimagen, tu nivel de confianza, tus relaciones, la forma en que te comunicas con otros y aun tu fe.

Cada uno de nosotros llega a determinar qué música tocaremos. Tú eres el disk jockey, eligiendo tus propias canciones favoritas. ¿No parece esto maravilloso? Llegamos a tocar la música de nuestra elección para acompañarnos durante nuestro día. ¡Podemos escoger de entre toda música de películas, ópera o composición melódica que jamás se haya escrito!

La realidad es que la mayoría de nosotros hacemos elecciones de música muy inverosímiles. Algunas de nuestras cintas y discos compactos tienen ralladuras muy profundas. Algunos son tan viejos, son como los discos de pasta de 78 rpm de décadas pasadas, viejas canciones, viejas experiencias que deberían haber sido olvidadas o perdonadas hace mucho.

Algunas personas han estado reproduciendo las mismas canciones repetidamente por años. ¿Algunos de estos temas musicales te suenan familiares?

«Es mi fiesta y lloraré si así lo quiero...»

«Pon tu cabeza en mi hombro...»

«¿Qué clase de tonto soy...?»[1]

¿Qué has elegido ser en la pista de sonido de tu vida?

Piénsalo. ¿Qué sería una película sin su pista de sonido? Intenta ver el esplendoroso final de *Tiburón* con el sonido apagado. ¡Es ridículo! Todo lo que obtienes es un pescado de goma saltando a un bote que se hunde.

Pero si enciendes la música, y el persistente ritmo familiar de los arreglos hace coagular tu sangre, y tu corazón late en cadencia con cada golpe, comienzas a sudar cuando la sección de cuerdas va increscendo. Y cuando los bronces explotan, buscas cubrirte.

Hasta el día de hoy evito cualquier cuerpo de agua por temor a que un gran tiburón blanco esté presente (vivo en una isla). Hasta me rehúso a tomar baños en mi tina como un resultado disfuncional directo de ver películas.

Los recuerdos se quedan por mucho tiempo si se lo permites. Tocarán las selecciones prendidas a ellos, dándote sentimientos de temor o coraje, incertidumbre o seguridad.

Tú eres el disc jockey. ¿Cuál es tu selección? Tú llegas a hacer las selecciones, ¡así que elige sabiamente!

---

[1] Nota del traductor: Estas son canciones populares de las décadas pasadas en los Estados Unidos.

¿Qué hay en tu billetera?

La forma en que administramos nuestros recuerdos puede ser un gran impedimento para desarrollar una gran actitud. Las experiencias pasadas, tanto como nuestra percepción de las mismas, son coleccionadas a través de los años. Son almacenadas en lo que yo llamo nuestro álbum interno de fotos. Aquí tus recuerdos, como fotos, son catalogados para un rápido rescate.

Estos álbumes de fotos son similares a los portarretratos de plástico que llevamos en nuestras billeteras o a los álbumes que tenemos en los estantes de la sala de estar familiar, tú sabes, aquellos llenos con fotos de nuestros hijos, vacaciones, fiestas de cumpleaños, graduaciones y todo eso. Las fotos que lograron llegar a estas santificadas páginas de la fama representan solo una fracción de las fotos que realmente tomamos. ¿Cómo hicieron estas fotos específicas para obtener el honor de mantener los recuerdos de la familia? ¿Qué cualidades les merecieron a cada toma el privilegio de ser montadas en el álbum familiar?

Bien, funciona de esta manera. El miembro de la familia primero en llegar a la escena y ojear fotos recién reveladas se convierte en el juez de qué fotos en realidad podrán sobrevivirán. En nuestra casa, esa persona soy yo. (¡Yo lo planeé de esa manera!)

Ahora comienza el proceso de selección. Si es que, mientras estoy ojeando a través de las impresiones de 7 por 12, se me cruza una foto que me hace ver más gordo de lo que en realidad soy, ahí se va. Comúnmente se la condena de inmediato, sin esperanza de ser juzgada. Cualquier foto tomada en el preciso momento en que un tenedor lleno de comida estaba ingresando en mi boca está consignada al oscuro abismo de mi cesto de basura. Si hay alguna donde salgo con los ojos cerrados, viéndome ridículo, con una mala postura o cualquier otra cosa que pueda ser concebido en los ojos del observador como menos que óptimo, es desechado sin funeral o alboroto.

¡Solo aquellas fotos que me llevan a ser el rival de los mejores modelos masculinos llegan al álbum! Entonces cuando alguien recorre las páginas de nuestros despliegues conmemorativos, yo me veo como si justo hubiese salido de un escenario de Hollywood.

Ninguno de nosotros permitiría todas las fotografías en nuestros álbumes. Eso sería horrible. ¡Ni tampoco tomaríamos las fotos más pobres, las colocaríamos debajo de una página de celofán y tiraríamos las mejores tomas! ¡Eso sería masoquista!

Tan necio como eso suena, es a menudo lo que hacemos con nuestros recuerdos. Olvidamos los mejores y recordamos los peores. Arropamos las lesiones en las páginas de nuestros álbumes mentales, y cuando tenemos la oportunidad, ojeamos a través del dolor una y otra vez. Si tú pudieras ojear los álbumes de recuerdos de la mayoría de las personas, probablemente encontrarías muy pocas fotografías premiadas y muchas más dolorosas.

¿Te dan coraje tus recuerdos o te lo roban?

Es absolutamente crítico que administremos bien nuestros recuerdos. ¿Por qué? Los recuerdos que tu eliges mantener te darán coraje, o te robarán el coraje que tengas. Tus recuerdos te ayudarán a construir tu fe o te plagarán de dudas.

¿Te ha herido alguien en tu pasado? Puedes archivar el cuadro del dolor en tu álbum o descartarlo. Si eliges retener y repasar el evento, rodándolo una y otra vez en tu mente, te afectará adversamente. Cada vez que entres en contacto con esta persona, notarás una creciente distancia entre ustedes. Tus más activos esfuerzos por conversar demostrarán, como mucho, que son poco profundos e insinceros. Tus recuerdos te han robado tu coraje para resolver el problema e interactuar genuinamente. Por otro lado, cuando almacenamos cuadros de los maravillosos momentos que compartimos con los que amamos, nuestro coraje es reforzado de modo que podamos hablar abierta y honestamente con ellos.

Mientras miraba al poderoso Goliat, que sobresalía por encima de los ejércitos de Israel en el campo de batalla, el joven David sacó coraje de sus recuerdos de lo que Dios había hecho por él en el pasado. David se paró confiadamente ante el rey y le pidió ser elegido para la tarea de derrotar al gigante, diciendo:

> «Fuese león, fuese oso, tu siervo lo mataba; y este filisteo incircunciso será como uno de ellos, porque ha provocado al ejército del Dios viviente... Jehová, que me ha librado de las garras del león y de las garras del oso, él también me librará de la mano de este filisteo. Y dijo Saúl a David: Ve, y Jehová esté contigo». (1 Samuel 17.36–37)

¿Dónde encontró este joven muchacho tal fe y coraje? De su álbum mental de fotos. La confianza de David estaba basada en sus experiencias y recuerdos de victoria sobre las bestias del campo. Y recordando esto, David pudo ver una victoria imposible antes de que sucediese. Su fe le dio confianza para cosas todavía no vistas y coraje a pesar de las cosas que sí podía ver.

Administra bien tus recuerdos. ¿Qué estás recordando cada día? ¿Eres un buen mayordomo de tus recuerdos? ¿O estás poniendo los peores cuadros en tu álbum y descartando los mejores? Demasiados de nosotros recordamos lo que deberíamos olvidar, y olvidamos lo que deberíamos recordar.

Tal vez es tiempo de hacer limpieza general. Recorre las memorias que has guardado. Busca en medio de tus viejas cintas y tus discos rayados. Toma unos pocos momentos para escribir las fotos que debes descartar. Evalúalas una por una. ¿Necesitas enterrar el hacha? ¿Necesitas extender perdón? ¡Entonces hazlo y deshazte de las malas memorias!

Tómate unos pocos minutos para traer equilibrio a tu álbum, de manera que puedas olvidar lo que debes olvidar y recuerdes lo que debas recordar. Construye tus mejores recuerdos, recuerdos que te dan coraje. ¡Y mientras reemplazas las páginas de tus viejos álbumes con nuevos recuerdos victoriosos, comenzarás a ganar una nueva confianza proveniente de Dios que te guiará a una actitud excelente!

¿QUÉ PIENSAS?

El modo de administrar lo que sucede dentro de nuestros corazones y mentes afectará la forma en que pensamos. Cuando pensamos claramente, somos más propensos a tener una actitud saludable hacia las circunstancias que enfrentamos. Si nuestro pensamiento está enredado, nuestra tendencia será desarrollar y desplegar una actitud pobre.

M. Scott Peck, en su libro *People of the Lie* (Gente de la mentira), nos cuenta acerca de una de las mayores tragedias de la guerra de Vietnam, la masacre de My Lai. Una mañana en Marzo de 1968, en Quang Ngai provincia de Vietnam del Sur, cientos de mujeres y niños inocentes fueron asesinados. La pequeña aldea era conocida por albergar soldados del Vietcong. Sin embargo, cuando una fuerza de tarea americana llegó allí aquel día, recorrieron la villa y no encontraron ningún soldado enemigo. Pero el oficial comandante, Teniente William Calley, no se quería arriesgar. Ordenó a sus tropas a reunir a los aldeanos en grupos de 20 ó 30 personas, y con rifles y granadas mataron a todos hasta que la aldea fue erradicada.

El doctor Peck, psicólogo, fue llamado para investigar y tratar de determinar qué hizo que estos hombres protagonizaran un acto de tal insensible violencia. Él entrevistó a los soldados tanto como a los oficiales involucrados. Peck concluyó que la masacre no fue necesariamente motivada por intenciones malvadas o vengativas. Mas bien, fue el trágico resultado de la falta de disposición de las tropas de pensar profundamente sobre lo que estaba sucediendo a su alrededor. Ellos tenían sus órdenes, y sin consideración o providencia por las consecuencias, los soldados americanos actuaron de una manera irracional y bárbara.

El doctor Peck nos provee de estos profundos descubrimientos:

> Como pueblo, fuimos muy perezosos para aprender y demasiado arrogantes para pensar que necesitábamos aprender. Sentíamos que cualquier forma de percibir las cosas era la correcta sin mayor estudio. Y que cualquier cosa que hiciéramos era lo correcto sin siquiera reflexionar.[2]

Demasiado a menudo nuestros pensamientos no van más allá de la percepción inicial que entra a nuestras mentes. Raramente podamos extraer conclusiones correctas de este mínimo aporte. Pensar que cualquier cosa que justo surge en nuestras cabezas acerca de una persona o situación es siempre la verdad, nos convertiría en «gente de la mentira».

Si tu pensamiento es pobre, así tu perspectiva será. Y si tu perspectiva es pobre, así tus decisiones serán.

¿Qué hay de esos pensamientos efímeros?

John Wesley cierta vez dijo: «¡No puedo evitar que un pájaro vuele sobre mi cabeza, pero seguramente puedo evitar que haga un nido en mi cabello!» Estaba aludiendo al hecho que aunque los malos pensamientos puedan atravesar nuestras mentes de cuando en cuando, no deberíamos dejarlos que tomen residencia o darles a esos malos pensamientos una audiencia. Puede

---

[2] M. Scott Peck, Personas de la Mentira: la Esperanza de Sanar la Maldad Humana (New York: Simon and Schuster, 1983).

que tengamos poco control sobre esos pensamientos efímeros, pero ciertamente somos responsables por aquellos que permitimos que acampen y preparen una tienda.

Dios requiere de cada uno de nosotros que juzguemos y evaluemos nuestros pensamientos e intenciones. Si no son sanos o bíblicos, entonces debemos traerlos bajo sumisión de la Palabra de Dios. ¡Tan solo porque un pensamiento esté alojado en tu mente no significa que pertenece allí! Debes decidir y administrar los pensamientos que son albergados en tu corazón y mente. ¡Si no encajan con lo mejor de Dios, desalójalos!

Usamos nuestras poderosas herramientas dadas por Dios para demoler torcidas filosofías, derribando barreras erigidas contra la verdad de Dios, colocando cada pensamiento suelto, emoción e impulso en la estructura de vida moldeada por Cristo. (2 Corintios 10.5, Versión EL MENSAJE)

En Efesios 6.14-17, Pablo describe la armadura de Dios. Compara seis piezas de la armadura del soldado Romano con las verdades que el cristiano aplica a su vida. Enfoquémonos en una porción de la armadura escritural:

Por lo tanto, pónganse toda la armadura de Dios, para que cuando llegue el día malo, puedan resistir hasta el fin con firmeza... *el casco de la salvación.* (Efesios 6.13, 17, NVI, énfasis del autor)

Una de las principales piezas de la protección del soldado era su casco, al cual la Biblia llama el yelmo de la salvación. El casco romano usualmente estaba hecho de bronce o de una aleación de bronce, y era virtualmente impenetrable. De frente contaba con un visor con bisagras para proteger el rostro del soldado durante la batalla, el casco también estaba diseñado para proteger el cuello, porque en la batalla el cuello del soldado sería un blanco primordial para un oponente buscando decapitarlo.

¿Por qué entonces necesitamos el yelmo de la salvación? Si el adversario de nuestras almas puede encontrar a un cristiano con sus pensamientos desprotegidos, fácilmente encontrará su blanco. Satanás es un cazador de cabezas, nuestras mentes son el campo de batalla, y nuestras imaginaciones sus trofeos.

Protégete bien, guardando tus pensamientos y administrando todo lo que entra en tu mente. Luego podrás pararte firme contra Satanás, para convertirte en gente de la mentira. Y habiendo finalizado todo, quedarás firme, victorioso.

¿QUÉ VES A TRAVÉS DE TU VENTANA DE FE?

Colocada frente a cada uno de nosotros hay una ventana invisible a través de la cual vemos el mundo a nuestro alrededor. Al atravesar la vida, vemos eventos, circunstancias y personas a través de esta ventana de fe.

Mientras pasa el tiempo, hay diferentes cosas que son grabadas en nuestras ventanas, y lo que sea que se escriba dará color o no a lo que vemos a través de la ventana. Estas cosas pueden ser maravillosas, como las promesas de Dios; o pueden ser ultrajantes, como un insulto recordado. Lo que ves puede reflejar un hermoso mural o un horrible graffiti, dependiendo de lo que elijas permitir en tu ventana.

Puede que tus padres te hayan machacado que eres lento e irresponsable, y desde ese momento en adelante, has visto todo a la luz de esa declaración. «Nunca llegarás a nada», puede que te hayan dicho. Más tarde en la vida cuando cometiste un error, puede que hayas visto esa situación de tal manera que te confirmó que realmente eres irresponsable y lento.

¡No siempre puedes evitar que la gente pinte graffiti en tu ventana, pero puedes decidir si permanecerán o no allí!

Solo tú eres responsable por lo que está escrito en esa ventana, tanto por dentro como por fuera. Verás, nosotros mismos tenemos la tendencia a garabatear algunas cosas bastante ultra-jantes en ella! Debes administrar esa ventana, limpiarla regular-mente y asegurarte que solo aquellas cosas que te edifiquen permanezcan allí.

¿USAS EL LIMPIA-VENTANAS DE DIOS?

La mejor manera de asegurarte que tus pensamientos sean correctos es que los juzgues a través de la Palabra de Dios. Si Dios no te lo diría entonces errádícalo sin más pensar. No le hagas un funeral, y no persistas en ello. Si no te edifica, enton-ces ¡afuera!

Disciplínate para hacerte un tiempo diario para leer las Escrituras, aunque sea por unos minutos. La Palabra de Dios mantendrá tu ventana de fe limpia y tus pensamientos saluda-bles. ¡Y, recuerda, los pensamientos saludables construyen acti-tudes saludables!

Nada puede igualar el beneficio de leer la Biblia consisten-temente. Si el diablo puede alejarte de la Palabra, te puede ale-jarte de realizar tu pleno potencial en la vida.

> Toda la Escritura es inspirada por Dios, y útil para enseñar, para redargüir, para corregir, para instruir en justicia, a fin de que el hombre de Dios sea per-fecto, enteramente preparado para toda buena obra.
> (2 Timoteo 3.16,17)

Permite que la Palabra de Dios limpie tu perspectiva y te guíe en los caminos de la vida. Formará tu carácter y formará tu personalidad, moldeando tu actitud hasta que se convierta en el fundamento subyacente para fructificar en cada área de tu vida.

Recuerda, pensamientos pobres es igual a actitudes pobres. Así que ten cuidado con lo que admites en tu mente:

La lámpara del cuerpo es el ojo; así que, si tu ojo es bueno, todo tu cuerpo estará lleno de luz. (Mateo 6.22)

¿Qué significa que el ojo es la lámpara del cuerpo? Busqué la palabra «lámpara» en mi diccionario y aquí está la definición: «un dispositivo que genera luz... para el propósito de iluminar». Una definición secundaria dice un lámpara es «algo que ilumina la mente o el alma» ¡Vaya! Esa definición me gustó más.

Todo depende del tipo de tesoro, bueno o malo, que depositas en tu corazón.

Recibimos mucha de nuestra información acerca del mundo a través de nuestros ojos. Cómo vemos al mundo afecta nuestros pensamientos, y nuestros pensamientos afectan nuestras mismas almas. Jesús nos dice que debemos mantener nuestros ojos, nuestras ventanas, despejadas a los efectos de disfrutar una vida llena de luz.

¿No será hora de «arreglar las lámparas» de tu cuerpo, guardando tus ojos de cosas impuras? Permite que Dios te revele las maneras impropias en que piensas y coopera con Él mientras buscas desarrollar actitudes que atraigan el éxito.

Así que, todos los que somos perfectos, esto mismo sintamos; y si otra cosa sentís, esto también os lo revelará Dios. (Filipenses 3.15)

¿Qué hay en tu corazón?

Sobre toda cosa guardada, guarda tu corazón;
Porque de él mana la vida. (Proverbios 4.23)

Proverbios nos brinda esta joya de una verdad que haríamos bien en considerar cuidadosamente. Si pasamos esto por alto o fallamos en entender esta verdad, sería igual que si construyéramos un automóvil despampanante con un motor poderoso, pagáramos por entrar en el Indianápolis 500 y contratáramos un conductor que no sabe manejar. Nuestro corazón es el asiento desde donde toda nuestra vida es afectada, positiva o negativamente. Y cuando entendemos el inmenso poder de nuestros corazones, nosotros como el conductor de ese vehículo podremos operarlo mejor.

Encontramos esta verdad en la Palabra de Dios:

> Porque de la abundancia del corazón habla la boca. El hombre bueno, del buen tesoro del corazón saca buenas cosas; y el hombre malo, del mal tesoro saca malas cosas. (Mateo 12.34,35)

Lo que hace saludable a un corazón es de qué lo alimentamos. La Biblia llama a esto construir tesoros. Lo que sea que coloques en tu corazón es exactamente lo que saldrá de él. Todo depende de la clase de tesoro, bueno o malo, que depositas en tu corazón. Así que coloca un centinela en tu corazón que solo permita que se depositen buenos tesoros.

> Por lo demás, hermanos, todo lo que es verdadero, todo lo honesto, todo lo justo, todo lo puro, todo lo amable, todo lo que es de buen nombre; si hay virtud alguna, si algo digno de alabanza, en esto pensad. (Filipenses 4.8)

Los pensamientos de nuestras mentes son importantes porque ellos forman el tesoro que eventualmente se hace camino a nuestros corazones. Si nuestro tesoro es bueno, también nosotros seremos buenos; pero si nuestro tesoro es malo, nosotros seremos igual.

Si permites pensamientos de temor que entren en tu corazón, desarrollarás un corazón temeroso. Puedes tener un corazón endurecido, un corazón encallecido, un corazón poco profundo o un corazón quebrado. Todo depende de lo que permitas ingresar.

Puede que hayas escuchado decir: «Caramba, eso me descontrola» o «Eso me afectó tan profundamente» o «No me puedo deshacer de este sentimiento». Estas son frases que indican que cualquier cosa vista u oída fue permitida en los corazones de esas personas, el asiento mismo de sus afectos. Como resultado, sus perspectivas fueron alteradas por eso.

Me gusta como la versión EL MENSAJE parafrasea Proverbios 4.23: «Mantén un vigilante cuidado sobre tu corazón; allí es donde comienza la vida». Solo porque un pensamiento cruce tu mente no significa que tiene permiso para entrar en tu corazón. Juzga tus pensamientos de manera que determines si califican para ingresar en tu corazón. ¡Si no lo hacen, no te atrevas a permitirles la entrada! No juntes malos tesoros. Así es como se rompen los corazones, no sucede tanto por nuestras circunstancias o por lo que otros han dicho o hecho, si no más bien por cuantas de estas cosas negativas hemos permitido que se construyan en nuestros corazones.

«Sobre todo lo demás, guarda tu corazón, porque afecta todo lo que haces», dice la *Nueva Traducción Viviente*. Coloca un centinela sobre la tapa de tu corazón, y no la abras indiscriminadamente. No le permitas la entrada a venenos, toxinas, ladrones y hurtadores. Juzga cada pensamiento, y si es inadecuado para tu atención, ¡deséchalo! Eso hacemos con otros materiales cloacales, ¿por qué no hacerlo con los pensamientos desechables?

¿Quién maneja tu sala de control?

Mientras estaba en la Escuela Bíblica, visitaba la cárcel local del condado de tanto en tanto. No, no para ser encerrado, sino para disertar en los servicios de la capilla. Esta cárcel era una de las más modernas del estado. Tenían un sistema sin llaves, las puertas no eran manualmente operadas sino que se abrían y cerraban con un sistema electrónico.

Mientras yo me acercaba a la puerta camino a la capilla por primera vez, salió una voz de un parlante: «¿Puedo ver su identificación, por favor?»

Algo perplejo por la voz sin rostro, saqué mi licencia de conducir y la levanté. Una cámara la grabó y la voz continuó: «¿Cuál es su propósito aquí?»

«Estoy aquí para disertar en la capilla», contesté, todavía asombrado.

La puerta se abrió, y yo había comenzado a ingresar cuando recordé que no tenía idea de cómo encontrar la capilla.

«Perdón», le dije a la voz sin cuerpo, «¿me podría decir cómo llegar a la capilla?»

«Seguro», replicó la voz, «siga las puertas abiertas, y yo lo guiaré hasta allí».

Proseguí por el corredor de cemento, y en breve una puerta se abrió a mi izquierda. Cumpliendo con mi instructor sin rostro, doblé hacia la izquierda e ingresé a otro pasillo. A mitad de este corredor, se abrió la puerta de un ascensor. Entendiendo que mi guía turístico electrónico aún me estaba guiando, ingresé al ascensor. ¡Para mi sorpresa, me encontré con que no había botones para apretar! Las vacías paredes de acero inoxidable me saludaron mientras las puertas del ascensor se cerraban frente a mí. El ascensor comenzó a subir.

¡Viaje a las estrellas! Pensé para mí. *Esto es muy extraño.*

El ascensor se detuvo, las puertas se abrieron silenciosamente, y allí estaba yo en la capilla. Cuando finalizó el servicio, le pregunté a uno de los guardias si yo podría ver la sala de control donde se alojaba mi guía turístico sin rostro. Seguí al guardia a través de largos corredores hasta una pequeña habitación totalmente recubierta con vidrio antibalas y equipada con varios monitores de televisión. Unos pocos hombres estaban monitoreando cada puerta y cada habitación, y, a su discreción, permitían a la gente entrar o salir oprimiendo unos pocos botones.

Yo estaba intrigado por esta nueva tecnología, pero rápidamente vi su vulnerabilidad. Pensé para mi mismo, *si la persona errónea ingresara a esta sala de control, podría hacer estragos en todo este lugar. ¡Podría controlarlo todo!*

El corazón es como una sala de control. Por años, he oprimido todas las palancas y he tomado todas las decisiones de la manera que pensé que debería. Intenté manejar mi vida a mi manera. Cuando eso no funcionó, intenté la manera del mundo, y las cosas fueron de mal en peor. Cuando me di cuenta de que mi vida estaba siendo afectada adversamente por mi actitud, cual hijo pródigo finalmente volví en sí. Abrí la puerta de mi corazón a Jesucristo y le pedí que ingresara en la sala de control de mi corazón. Solo entonces Él comenzó a limpiar la casa y a cambiar todo acerca de mí.

JESÚS PUEDE SANAR TU CORAZÓN QUEBRANTADO. ESO ES LO QUE VINO A HACER.

Verás, Dios es un caballero, y Él nunca obliga a nadie. En lugar de ello golpea y extiende la misma invitación que me dio a mí. Se ofrece a morar en tu corazón a través de la fe (ver Efesios 3.17). Es la decisión más eterna que una persona puede tomar, pero Él está disponible con solo pedírselo.

Cuando Él entre, permítele tomar los controles. A Él no se lo invita para que te observe a *ti* mover las palancas y oprimir los botones. No puedes pedirle que entre en tu corazón para traerte buena suerte o simplemente bendecir tus esfuerzos. *¡Él entra para tomar el control!*

Algunos todavía pueden decir: «Yo sé ahora cuidar mi corazón con toda diligencia, pero el daño ya ha sido hecho.

¿Qué puedo hacer si ya he permitido que esos pensamientos entren? ¿Qué si las palabras de otros ya han atravesado mi confianza y quebrado mi corazón?»

¡Por favor recuerda que Jesús vino por gente como tú! Esta fue su misión cuando el Padre le envió para traer redención al hombre caído:

> El Espíritu de Jehová el Señor está sobre mí, porque me ungió Jehová; me ha enviado a predicar buenas nuevas a los abatidos, a vendar a los quebrantados de corazón. (Isaías 61.1)

Jesús puede sanar tu corazón quebrado. Eso es lo que vino a hacer. Pídeselo. Nadie puede sanar tu corazón como lo puede hacer Jesús.

Hay una vieja canción de cuna que dice así:

> Humpty Dumpty se sentaba en una pared,
> Humpty Dumpty se cayó.
> Todos los caballos y hombres del rey
> No pudieron juntar a Humpty otra vez.

Yo agregaría: «Pero el Rey pudo. De manera que el Rey mismo bajó del trono del cielo y encontró todas las partes de Humpty Dumpty. Entonces con el cuidado y compasión que solo el Rey pudo tener, comenzó a juntarlas otra vez».

Y todavía lo continúa haciendo. Verás, fue por todas las vidas quebradas, corazones y personas quebrados que Él murió en el Calvario.

Puedes pensar que hay ciertas cosas que nunca podrás olvidar. O puede que sepas cosas que van más allá del perdón. Si has llegado a tal estado imposible, déjame animarte con un curalotodo. Él es el único curalotodo que realmente cura todo: Jesús. Solo Jesús puede sanar todas las cosas, porque Él pagó el precio. Él pagó con Su propia sangre para cubrir todo pecado,

toda herida y aun todo pensamiento. Él nos ofrece el poder de
Su amor, para ser tomado gratis, para cubrir nuestras más valio-
sas posesiones, nuestra eternidad, nuestros corazones y nuestras mentes. Permite que Jesús remiende tu quebrantado corazón. Comienza por reemplazar todo pensamiento quebrado,
por Su Palabra. Luego excava todo recuerdo agraviante,
reemplazándolo con Sus Promesas. Y cuando comiences a
aceptar la sublime gracia que Él te ofrece, comenzarás a verte
en toda una nueva luz. Definirás tu vida de la forma en que Él
la ha definido, de acuerdo a Su Palabra. Mientras permites que
Él te lleve de gloria en gloria, comenzarás a ver que tus pensamientos cambian, tu corazón se fortalece y tu vida se transforma.

Cuando eso comience a suceder, añadirás la más maravillosa música de fondo a tu vida. Escucha atentamente. ¡Es la más
hermosa pista sinfónica que jamás hayas experimentado!

CAPÍTULO SEIS

¡PRACTICA, PRACTICA, PRACTICA!

Pero el alimento sólido es para los que han alcanzado
madurez, para los que por el uso tienen los sentidos
ejercitados en el discernimiento del bien y del mal.

HEBREOS 5.14

Tal como cuando aprendemos cualquier deporte o instrumento musical, cuanto más practiques el desarrollo de una actitud de excelencia, más experto te convertirás en eso. Aprender a desarrollar una buena actitud no sucede por accidente. Necesita ser intencional y deliberado, nada menos. ¡Puede que los primeros intentos parezcan inverosímiles, pero continúa practicando!

Durante mi primer año en la universidad, estaba caminando por una de las sagradas galerías y vi un grupo de estudiantes congregados en un pequeño círculo. Yo era tímido en esos días, créase o no. Siendo de Hawai y de una etnia diferente, yo era cohibido, de modo que solo iba a pasar de largo.

Justo entonces, el Señor habló suavemente a mi corazón: *Detente y preséntate a esos estudiantes.*

Todo lo que voy a contarte sucedió en pocas centésimas de segundos, pero dejó una impresión de por vida en mí. Dios no necesita usar un vocabulario inglés para hablar. En un momento atómico, Él puede depositar resmas de instrucciones directamente en tu corazón que dejarán tu vida absolutamente transformada.

Pero en lugar de cambiar, yo estaba determinado a discutir con Dios. *No, así no soy yo Señor. Tú sabes que yo no soy así. Soy muy cerrado. Solo pasaré de largo a estos estudiantes. Ellos probablemente no me quieren que me meta en su conversación, de todos modos.*

Recuerdo que el Señor me decía, *¿Quieres permanecer igual a lo que eres hoy y ser eso por el resto de tu vida, o quieres llegar a ser lo que quiero que seas? La elección es tuya. Ahora mismo, estás en una encrucijada en tu vida.*

Sentí Su urgencia y supe que ese era un momento que pedía mi mejor respuesta. ¡Cuán a menudo perdemos estas encrucijadas de oportunidad, y nuestro futuro es peor por causa de ello! Tuve que elegir y creer que podría cambiar.

Tomando un desvío inmediato, me dirigí justo al centro de la multitud y me presenté. «¡Hola! Mi nombre es Wayne Cordeiro. Soy de Hawai. Estoy en primer año de universidad. ¿Cómo están?»

Para mi sorpresa, ellos fueron amables y bien dispuestos. Todavía recuerdo su aceptación y su amor, y hasta este día algunos de esos estudiantes son mis mejores amigos.

PRACTÍCALO HASTA QUE TE SEA CÓMODO

Pregúntale a cualquier atleta novato que se haya dejado dirigir en cierto deporte. Muchos de ellos tuvieron que cambiar su forma de sostener el bate de baseball o de tirar una pelota de basketball o el swing en el club de golf.

La primera vez que jugué a la raqueta, fue contra una vieja pared de cemento en la escuela secundaria. Un grupo de nosotros tomó algunas viejas y malgastadas raquetas y comenzamos a jugar. No nos importaba mucho la forma. Solo queríamos divertirnos.

Al pasar el tiempo, comencé a ponerme más serio con respecto al juego, así que ingresé a algunos torneos. Tanto como practicaba, sin embargo, jamás podía avanzar más allá de un cierto nivel. Un día, entre juego y juego, un instructor me llevó a un costado. Él era uno de los jugadores e instructores más renombrados en el circuito de raqueta, de manera que recibí sus sugerencias.

«Wayne, tú tienes algo de talento natural para este juego», me dijo, «pero nunca avanzarás si no cambias tu agarre. Tu forma es incorrecta».

Bien, nunca había escuchado *eso* antes. Le pregunté si me podría dar algunas lecciones, y acordamos encontrarnos la semana siguiente. Entonces le pregunté en qué debería empeñarme hasta que comenzáramos con las lecciones.

Él dijo: «El mayor problema que impide tu progreso es la forma en sostienes la raqueta. Mira, déjame mostrarte cómo sostenerla correctamente».

¡Me cambió la forma en que yo había estado sosteniendo la raqueta por los últimos 10 años! La nueva forma de agarrar parecía tan torpe, que casi inmediatamente lo deseché como inútil. Percibiendo mi inquietud, él rápidamente añadió: «Aunque esto puede resultarte incómodo, continúa practicándolo hasta que te sea cómodo. Y te lo garantizo, lo será. Así que, sigue haciéndolo!»

Debido a mi respeto por este instructor y su reputación, cambié mi agarre y regresé al torneo. ¡Fui definitivamente vencido en cada uno de los partidos! Aún con mi mejor esfuerzo, no podía controlar la pelota. Llegué a sospechar que este nuevo agarre era el esfuerzo de un jugador opuesto, que para sabotearme puso a su vil servicio a este campeón de la raqueta.

La semana siguiente, él y yo nos encontramos para tomar algunas lecciones y le dije de mi desaliento con respecto al nuevo agarre. «¡Es demasiado torpe!» me quejé. «¿Qué tiene de malo mi viejo agarre?»

«Tú puedes usar el viejo agarre, pero nunca avanzarás», contestó. «Si quieres jugar con los principiantes y con los ancianos, ese agarre funcionará bien. Pero si quieres jugar con los grandes, no puedes sostener tu raqueta de esa manera».

Eso fue suficiente para motivarme. ¡Cambié mi agarre!

Pero aún así se sentía incómodo. Me hizo pasar por ciertos ejercicios que debía realizar cada día. Por el período de un mes, el nuevo agarre llegó a ser tan cómodo como el anterior. Entonces comencé a avanzar y a mejorar nuevamente.

HAZLO ANTES DE SENTIRLO

¿Has visto alguna vez a una persona con una maravillosa actitud contagiosa? Cuando esa persona entra en la habitación, la atmósfera cambia. Ellos pueden alumbrar cualquier reunión. Su presencia no es un fingimiento o una máscara, solo que hay algo sobre ellos que es especial.

Escucha a estas personas hablar por teléfono. Observa la gracia con que tratan con las personas problemáticas. Observa la forma en que se paran, la forma en que se sientan, la forma en que se inclinan levemente cuando te escuchan, asintiendo en acuerdo.

Obsérvalos. Hay algo diferente en cuanto a su fisiología. Se sientan más derechos, se paran más altos, y sus sonrisas son genuinas.

Una de las formas más fáciles de practicar el desarrollo de una actitud que atrae éxito es comenzar a cambiar tu postura física. ¡Es así de simple! Pronto encontrarás que tienes la tendencia a sentir de la forma que actúas.

Trata de dejar caer tus hombros y que tu cabeza cuelgue por unos minutos. Habla cómo alguien deprimido hablaría. ¡No pasará mucho tiempo hasta que comiences a sentirte horriblemente deprimido!

O sonríe con presunción, como se vería alguien con una actitud realmente mala. Tuerce tu cadera y cruza tus brazos. Busca problemas como lo hace una persona con una mala actitud. ¡Te garantizo que no mucho después, estarás luciendo una *mala* actitud genuina, de diez puntos!

Ahora piensa en alguien que conoces que tiene una maravillosa actitud. Siéntate como esta persona se sienta. Habla como una persona con una maravillosa disposición lo hace. Responde con gentiles pero seguras inclinaciones cuando alguien está hablándote. Te aseguro, ¡no pasará mucho tiempo hasta que veas signos maravillosos de una maravillosa actitud en ti mismo!

Aunque se sienta un poco extraño al principio, no caigas en el viejo agarre que has estado usando, quédate con el nuevo y mejorado agarre.

¡Continúa practicando hasta que te sea cómodo!

Prepárate para la metamorfosis

Hijitos míos, por quienes vuelvo a sufrir dolores de parto, hasta que Cristo sea formado en vosotros. (Gálatas 4.19)

La palabra «formado» en este verso en particular es la palabra griega «*metamorphon*». Aquí Pablo está hablando de la lucha que toma lugar hasta que hay en nosotros una metamorfosis, lo viejo se desvanece y lo nuevo emerge. Es el cuadro de un gusano de seda que se convierte en una mariposa. ¡Es ese proceso por medio del cual esa hermosa criatura que está en el interior finalmente logra salir al exterior!

Pablo sabía el potencial de aquellos cristianos en Galacia a quienes les estaba escribiendo. Aunque él les había enseñado a vivir, el conocimiento dentro de sus cabezas no se había hecho evidente en su comportamiento y su estilo de vida. ¡Todavía estaban en la etapa de formación, y Pablo había estado viviendo en dolorosa anticipación hasta que aquello que era sabido llegara a ser visto!

Lo mejor de Dios está en cada uno de nosotros —Él nos creó de esa manera.

Piensa en un jugador de tenis principiante. Ha leído todas las revistas, visto todos los videos y estudiado los mejores jugadores. Está enfocado en la suave entrega del saque. Puede visualizar la pelota lanzada gentilmente al aire a una altura precisa, la raqueta de tenis balanceada sobre su espalda perfectamente arqueada y la explosión que dispara la pelota a la cancha del oponente.

¡As!

Ha catalogado la perfecta forma del tenis cuadro por cuadro en su mente. Puede visualizar claramente la rutina artística, pero su demostración real de esa rutina está lejos de ser elegante! Él tira la peluda esfera más alto de lo esperado. El saque inoportuno hace que gruña en un crudo esfuerzo mientras que empuja la raqueta hacia la pelota que cae. La empuja torpemente hacia el final de la cancha de su oponente, sólo para que quede atrapada en la red.

Sin embargo, con un entrenamiento adecuado y práctica consistente, una forma elegante comienza a emerger. ¡Poco a poco, comenzamos a ver vislumbres de un gran jugador de tenis en su interior! Luego, mientras pasan los días y continúa el entrenamiento, allí comienza una metamorfosis donde lo interno se convierte en lo externo. El saque del joven jugador llega a ser increíblemente galante. Lo que una vez solo imaginó ahora lo está experimentando debido a la práctica. Lo que una vez fue anormal es ahora natural y confortable.

Cuando vemos a un jugador moverse como lo hace, en los términos del tenis, lo llamamos «gran forma». Es la misma palabra hablada por Pablo en el cuarto capítulo de Gálatas para expresar lo que el Señor desea para cada uno de nosotros «... hasta que Cristo sea *formado* en vosotros» (v. 19, énfasis del autor). Lo mejor de Dios está en cada uno de nosotros. Él nos creó de esa manera, pero lo que está dentro tomará tiempo para encontrar su camino al exterior. Eso requiere práctica; pero con un poco de determinación y consistencia, pronto la gente te estará llamando As.

CULTIVA EL FRUTO DEL ESPÍRITU

Una de las mejores maneras de practicar es cultivar el fruto del Espíritu, las cualidades de carácter que el Espíritu Santo construirá dentro de nosotros, si se lo permitimos.

> Mas el fruto del Espíritu es amor, gozo, paz, paciencia, benignidad, bondad, fe, mansedumbre, templanza. (Gálatas 5.22-23)

Cada cualidad de carácter es algo que el Espíritu de Dios quiere producir en nosotros. Esto me indica que una de las mejores maneras de cooperar con Su trabajo es practicar siendo amoroso, estando gozoso, manteniendo un corazón de paz, y así sucesivamente. Él es fiel para producir estos frutos en nuestras vidas mientras nosotros somos fieles en practicarlos.

Toma un momento para evaluarte en cada una de estas características. ¿Cuáles necesitas practicar? (Ayuda: Las áreas donde más necesitas practicar son aquellas donde menos práctica tienes ahora.)

Lee cada definición a continuación. Luego evalúa dónde estás ubicado y determina sobre cuáles áreas necesitas priorizar para practicar.

	Menos Práctica					Mas Práctica				
Amor	1	2	3	4	5	6	7	8	9	10
Gozo	1	2	3	4	5	6	7	8	9	10
Paz	1	2	3	4	5	6	7	8	9	10
Paciencia	1	2	3	4	5	6	7	8	9	10
Benignidad	1	2	3	4	5	6	7	8	9	10
Bondad	1	2	3	4	5	6	7	8	9	10
Fe	1	2	3	4	5	6	7	8	9	10
Mansedumbre	1	2	3	4	5	6	7	8	9	10
Templanza	1	2	3	4	5	6	7	8	9	10

Amor
¿Estoy yo consistentemente comprometido para ayudar a otros a desarrollar y descubrir lo mejor de Dios en sus propias vidas? ¿Trato a los demás como Dios los trataría?

Gozo
¿Confío en el hecho de que Dios está en control de cada situación, a pesar de lo que a mí me parezca? ¿Tomo yo gozo al saber esto, o trato de extraer mi contentamiento mediante aquellas situaciones o circunstancias placenteras?

Paz

¿Traigo un efecto de calma a cada situación, o vuelvo loca a la gente? ¿Soy yo un reconciliador o un instigador? ¿Trato de arreglar la culpa o arreglar el problema?

Paciencia

¿Le doy lugar a la gente a que pueda fallar, y luego los ayudo a ver la lección de vida que pueden extraer de ese fracaso? ¿O llevo la cuenta de aciertos y errores?

Benignidad

¿Soy amable? Cuando trabajo con gente bajo mi supervisión o cuidado, ¿me refiero a ellos amablemente? ¿O tengo la tendencia de ser mandón? ¿Cómo me comporto con mi familia?

Bondad

¿Es el centro de mi corazón bueno? ¿Deseo el éxito de otros, o solo miro por mí mismo, más allá de lo que le sucede a los demás?

Fe (o fidelidad)

¿Soy leal? ¿Puedo guardar confidencias, o tengo la tendencia a compartir información privada sobre los demás? ¿Soy un esposo fiel, o cortejo emocionalmente otras relaciones?

Mansedumbre

¿Cómo trato con los fracasos de los demás, especialmente si me afectan? ¿Estoy más preocupado por mi bienestar o el de ellos?

Templanza

¿Controlo mis pensamientos o los dejo divagar? ¿Puedo disciplinar mis emociones y mis deseos sexuales?

Tómate el tiempo para practicar estas cualidades de carácter que Dios quiere construir y expresar a través tuyo. Cuanto más practiques estas cosas, más fructífero serás en tus actitudes, negocios, ministerio y familia. ¡Así que practica, practica, practica!

CAPÍTULO SIETE

¡NUNCA TE RINDAS!

¡Nunca, nunca, nunca te rindas!
WINSTON CHURCHILL

Pongámonos de acuerdo en algo: cada uno de nosotros tendrá el dudoso honor de recibir los reveses de la vida, frecuentemente. Todos experimentamos reductores de velocidad en la vida. El sufrimiento es inevitable, pero la miseria es una opción. El sufrimiento te cambiará, pero no necesariamente será para mejor. Tú tienes que *elegir* cambiar para mejor.

Puedes permitir que tus reveses se conviertan en piedras de tropiezo o en escalones de ascenso. La vida puede hacerte mejor o peor. La elección es tuya. Recuerda el dicho sobre el que reflexionamos antes: «Diez por ciento de la vida es lo que te sucede, el otro 90 por ciento es cómo respondes a lo que te sucede».

TODOS NOSOTROS HEMOS TROPEZADO, PERO DIOS NO HA TERMINADO CON NOSOTROS. ÉL CREE EN NOSOTROS. ¡EL PARTIDO NO HA TERMINADO AÚN!

Una de mis escrituras favoritas es Proverbios 24.16. Me ha dado renovadas esperanzas a través de los años. El pasaje dice: «Porque siete veces cae el justo, y vuelve a levantarse; mas los impíos caerán en el mal».

Me gusta eso. Verás, el fracaso no es algo que sucede cuando caes. ¡El fracaso es cuando rehúsas levantarte nuevamente! Algunas personas son noqueadas, y aunque se levantan, puedes ver que permanecen derribadas en su interior, donde cuenta.

¡Levanta nuevamente tu espíritu! Coloca tu mirada de nuevo en el propósito de Dios para ti. El partido no ha terminado. ¡Puedes hacer tantísimo más! ¡Él es capaz, aún cuando tú no lo seas!

David tropezó pero volvió a levantarse, y Dios lo hizo el mayor rey de Israel. Jacob tropezó pero volvió a levantarse y llegó a ser el padre de las 12 tribus de Israel. Pablo intentó aniquilar a los cristianos, pero Dios tomó posesión de su vida y lo usó para llevar el evangelio a los gentiles. Pedro negó al Señor en Su tiempo de mayor necesidad. Aún así Pedro volvió a levantarse se sacudió la vergüenza, y Dios lo usó poderosamente para expandir Su mensaje de vida al mundo conocido.

EL PARTIDO AÚN NO HA TERMINADO

Se cuenta una famosa historia del Rose Bowl de 1929, donde los Chaquetas amarillas de la Universidad de Georgia jugaron contra los Osos dorados de California, y un joven con el nombre de Roy Riegels aprendió una valiosa lección en el juego de la vida.

Terminando el primer tiempo, el jugador Stumpy Thomason de la Universidad de Georgia resbaló, y luego de una breve pero furiosa disputa, el jugador Roy Riegels recuperó la pelota y se lanzó a la zona final, determinado a anotar.

Hubo sólo un problema: ¡se dirigía a la meta contraria de anotación!

Benny Lom, uno de sus propios compañeros, se disparó en una fuerte persecución del mal dirigido Riegels. Lom finalmente alcanzó a Riegels y lo derribó en la línea de tres yardas del equipo de California. En la siguiente jugada, un desesperado puntapié de los California fue bloqueado en la zona final. Aquellos dos puntos pudieron ser el margen por el cual ellos podrían perder el juego.

En el medio tiempo, el equipo de California se encontró en el vestuario. Nadie dijo palabra. Finalmente, el entrenador Nibbs Price habló. «De acuerdo. Los mismos jugadores que salieron en el primer tiempo jugarán también el segundo». Los jugadores se dirigieron al campo, todos excepto Roy Riegels. Él se quedó sentado en la banca, sepultando su rostro entre sus manos.

«Me escuchaste, Roy», dijo el entrenador Price. «He dicho que el mismo equipo que salió del primer tiempo jugará también el segundo. ¡Y eso te incluye a ti!»

«No puedo volver a salir allí, entrenador. No puedo enfrentar a mis compañeros. Los he defraudado, he avergonzado a nuestro equipo y he humillado a nuestra universidad. No puedo salir allí».

El entrenador Price lo enderezó, lo miró a los ojos y dijo: «El partido está solo por la mitad, Riegels. Ve allí afuera y demuestra quien eres. ¡El partido está solo por la mitad!»

Los jugadores de la Universidad de Georgia más tarde dijeron que nunca habían visto a nadie jugar con tanta determinación e intensidad como las que Riegels mostró en el segundo tiempo del juego del Rose Bowl de 1929.

Cuando recuerdo esa historia, pienso para mí mismo, ¡Qué gran entrenador que fue aquel Nibbs Price! Y cuando pienso en nuestro Señor y en la forma en que Él cree en cada uno de nosotros, pienso, *¡A qué gran Señor servimos!*

Todos hemos tropezado, y muchos de nosotros hemos corrido hacia el lado equivocado. Pero Dios no ha terminado con nosotros. Dado esto, habrá algunos movimientos resbaladizos y desencaminados en las canchas de nuestras vidas. Aún así, Él nos urge a regresar al juego. Él cree en nosotros. ¡El partido no ha terminado aún!

LA CUESTIÓN ES EL AMOR, NO LA ACTUACIÓN

Pedro tuvo una historia de tropezones y errores, pero cometió su mayor error en la última noche de la vida de Jesús, solo horas después de que Pedro había jurado eterna lealtad al

Señor. Cuando Jesús fue arrestado en el Huerto de Getsemaní, Pedro huyó. Esa misma noche mientras Jesús estaba en el juicio, Pedro lo negó no una sino tres veces. Pocas horas después, Jesús fue crucificado y enterrado.

Apostaría que Pedro se culpó a sí mismo por la muerte de Jesús. Puedo escucharlo: «Si solo hubiese detenido a Judas, nada de esto hubiese sucedido. ¡Qué clase de líder soy! No pude ni siquiera pararme ante una sirvienta que me reconoció como Su discípulo. ¡Qué fracaso!»

Pedro se sintió tan descalificado del ministerio que cambió su cayado pastoral por una caña de pescar y volvió al lago. Aunque sabía que Dios lo había llamado al ministerio, sus recientes fracasos lo alejaron de ese llamado.

Luego cambia toda la historia. Mientras Pedro y sus amigos regresaban de una terrible noche de pesca, Jesús se paró en el borde del lago y llamó a sus discípulos. Cuando Pedro reconoció que era el Señor resucitado, dejó detrás a los demás y nadó hasta la orilla. Allí se sentó cara a cara con Aquel a quien le había fallado completamente.

Estuve parado en aquel sitio en la costa norte de Galilea donde tomó lugar el encuentro. Una placa retrata el evento. Recuerdo estar desbordado por la emoción mientras unos pocos de nosotros nos paramos allí recordando el encuentro entre Jesús y Pedro, creo que me sentí desbordado, porque tan a menudo me siento como si yo, también, hubiese fallado. La negación de Pedro parece una ofensa menor comparada con las veces cuando yo le he dado la espalda al Señor. ¡Cuántas veces lo he negado, rehusando identificarme con Él y en lugar de eso me he mezclado con la multitud!

Aún así puedo escucharlo hablar a mi corazón justo como se dirigió a Pedro:

Cuando hubieron comido, Jesús dijo a Simón Pedro: Simón, hijo de Jonás, ¿me amas más que éstos? Le respondió: Sí, Señor; tú sabes que te amo. El le dijo:

> Apacienta mis corderos. Volvió a decirle la segunda
> vez: Simón, hijo de Jonás, ¿me amas? Pedro le res-
> pondió: Sí, Señor; tú sabes que te amo. Le dijo:
> Pastorea mis ovejas. Le dijo la tercera vez: Simón,
> hijo de Jonás, ¿me amas? Pedro se entristeció de que
> le dijese la tercera vez: ¿Me amas? y le respondió:
> Señor, tú lo sabes todo; tú sabes que te amo. Jesús
> le dijo: Apacienta mis ovejas. (Juan 21.15-17)

Yo siempre me sorprendo con las respuestas del Señor. Si yo hubiese confrontado a Pedro, le hubiese gritado: «¡Desgraciado! ¿Por qué me dejaste en medio de la sacudida? ¡Qué gran amigo eres!» Yo hubiese confrontado su pobre actuación.

Pero Jesús no confrontó su actuación. Confrontó su corazón.

«Pedro, ¿me amas?»

«Sí, Señor. Te amo».

«Bien. Entonces vuelve al partido. ¡Todavía no ha termi-nado!»

El prerrequisito para la restauración no es la actuación; es el amor. El amor siempre será la mayor prueba de Dios. No coloques una lupa sobre tu fracaso. Coloca tu lupa sobre el amor, y te ayudará a ver las cosas como Jesús las ve. ¡Esa es siempre la mejor manera de ver las cosas de todas maneras!

Mantén el curso

Uno de los ingredientes más poderosos para desarrollar el poder de permanencia, o la habilidad de volver al partido y quedarse allí, es la obstinación. Correcto. Puedes ser obstina-do de manera correcta. Creo que podrías llamarlo permanen-cia, pero a mí me gusta llamarlo obstinación.

Por supuesto, puedes ser obstinado de manera incorrecta, también. Eso puede ser designado como ser cabeza dura o terco. Pero no estoy hablando de eso.

La obediencia obstinada al llamado de Dios en mi vida me ayuda a atravesar los manotazos de los críticos y sobrevivir a los increpantes recuerdos de errores pasados. Yo sé que Dios me ha llamado a representarlo durante mi estadía en el mundo. (¡Él te ha llamado a ti para hacer lo mismo!) Venga lo que venga, debo finalizar el curso. Debo correr la carrera con paciencia, obstinada paciencia, mal que te pese, hasta que Él me lleve a casa para estar con Él para siempre.

Creo que estamos bastante bien acompañados, porque fue profetizado por Jesús que Él mantendría el curso también, no importa lo que se le cruzara en Su camino:

No se cansará ni desmayará, hasta que establezca en la tierra justicia; y las costas esperarán su ley. (Isaías 42.4)

Él había hecho una elección. ¡No se cansaría ni desmayaría hasta que Su misión fuera completada! Había hecho una elección, y yo debo hacer lo mismo.

Tendremos muchas oportunidades para justificar nuestro escape durante el camino. Tendremos abundantes razones para renunciar. ¡Yo he experimentado muchas! Nadie nunca tiene que buscar demasiado para encontrar una razón para divorciarse o para dejar una iglesia madre. Habrá miles de justificaciones para tener un amante. Siempre habrá demasiadas penas como para emborracharnos con cerveza en el bar local.

TOMA LA DECISIÓN DE MANTENER EL CURSO

Lo que te dará longevidad no es la ausencia de estrés o pruebas. Mira la vida de Jesús. Estaba saturada de problemas. Personas que intentaban traicionarlo, gente endemoniada tratando de agarrarlo, gente enferma intentando tocarle y los fariseos continuamente probándolo. ¡Aún así Él rehusó cansarse y desmayar!

Toma la misma decisión de mantener el curso. Seguro, habrá muchas correcciones a lo largo del viaje. Tal vez algunas desviaciones del vuelo original, pero *¡mantén el curso!*

EL DISCURSO MÁS CORTO PARA NO SER NUNCA OLVIDADO

Una vez se le pidió al señor Winston Churchill que se dirigiera a su alma máter en un discurso de apertura. Él se había convertido en una legenda para este momento debido a su coraje y confianza durante la Segunda Guerra Mundial.

El auditorio estaba colmado de estudiantes a graduarse, padres, dignatarios e invitados. Él llegó con su clásico sombrero alto, abrigo y bastón. Luego de que lo introdujeran, incluyendo una larga letanía de sus logros, lentamente se abrió paso hacia el podio.

Mirando sobre los estudiantes, una intensidad vino sobre su semblante. Se inclinó y dio el discurso más corto que esos estudiantes jamás hayan recibido.

Con un tono que refleja tanto el carácter de un guerrero como el de un diplomático, él dijo: «¡Nunca, nunca, nunca se rindan!» Tomando un profundo respiro, repitió con mayor volumen, «¡Nunca, nunca, nunca se rindan!» Se dio vuelta, se puso su sombrero y abrigo, tomó su bastón y se fue.

Todos hemos enfrentado batallas, y cuando terminan las batallas, comienzan las críticas. ¡Pero nunca te rindas! Querrás hacerlo, no hay duda. Pero la única forma en que el diablo puede derrotarte es si le das permiso para hacerlo. ¡No lo hagas! ¡El partido no termina hasta que Dios lo diga!

Lo siguiente es un poema escrito por Kent Keith. ¡Es tan apropiado!

DE TODAS MANERAS
La gente es irracional,
    ilógica, egocéntrica.
Ámalos DE TODAS MANERAS.
Si haces el bien, la gente te acusará de
    Egoísta, motivos ulteriores.
Haz el bien DE TODAS MANERAS.
Si eres exitoso, ganarás
    falsos amigos y harás verdaderos enemigos.
Sé exitoso DE TODAS MANERAS.
La honestidad y la amabilidad pueden
    hacerte vulnerable.
Sé honesto y amable DE TODAS MANERAS.
Lo bueno que haces hoy
    muy bien puede ser olvidado mañana.
Pero haz el bien DE TODAS MANERAS.
Las personas más grandiosas con las
    más grandiosas ideas pueden ser derribadas
    por las personas más pequeñas
    con las mentes más pequeñas.
Pero piensa en grande DE TODAS MANERAS.
Dale al mundo lo mejor que tienes.
    Puede que te pateen
    en los dientes por ello.
Pero dale al mundo lo mejor que tienes...
    DE TODAS MANERAS.

CAPÍTULO OCHO

FINALIZA BIEN

Enséñanos de tal modo a contar nuestros días,
Que traigamos al corazón sabiduría.
SALMO 90.12

Solo tenemos una vida para vivir para Jesús en esta tierra, y pronto se acabará.

Mientras envejezco, estoy cada vez más asombrado de la rapidez con que pasa el tiempo. Es como el rebobinando de un video casete: mientras más se acerca al comienzo, ¡más rápido va! Así sucede con nosotros.

¿Qué pasaría si alguien viniese a ti y te ofreciera depositar $86.400 en tu cuenta bancaria cada mañana? ¡No sería eso celestial! Hay solo un ardid: debes gastar o invertir sabiamente todo el monto de dinero cada día. Cualquier desperdicio del dinero no es aceptable. Nada puede ser extraído, y cualquier resto en la cuenta se perderá a media noche. Por supuesto, otros $86.400 serán depositados a la mañana siguiente.

¿Qué harías en esta situación? ¡Te apuesto! Te asegurarás de gastar todo el dinero o invertirlo sabiamente.

Bien, esto te sucede cada día. Solo que el regalo no se mide en dólares y centavos; se mide en tiempo. Se te dan 86.400 segundos cada día. Cómo lo usas depende de ti. Puedes desperdiciar el tiempo y perder los beneficios, o puedes invertirlo sabiamente y ser recompensado.

No vivas una vida malgastada. ¡Ya que tienes una sola vida por vivir, vívela bien!

¿Qué separa una vida fútil de una fructífera? Tu actitud. ¡Tu actitud será la diferencia entre existir y vivir!

Echa un vistazo a tus dos decisiones más valiosas

Déjame hacer una pausa aquí y pedirte nuevamente que evalúes las dos decisiones más importantes de tu vida.

La decisión más importante de tu vida será tu elección de seguir o no a Jesucristo. Tu elección de abrirle tu corazón a Él será la decisión más eterna que jamás tomarás. ¡Si no lo has hecho, no dudes un momento más! No hay mayor elección que elegirlo a Él para ser el Señor en tu vida, no importa cuántas posesiones tengas, cuánto dinero hayas logrado o cuánto poder hayas acumulado.

> Jesús nos recuerda: «¿Cómo te beneficias si ganas todo el mundo y pierdes tu alma en el proceso?» (Marcos 8.36, NTV).

Ahora, como cristiano, déjame revelarte la segunda decisión más importante en esta vida: elegir la actitud con la cual seguirás a Cristo. La primera decisión determinará qué tan *eterna* tu vida será. ¡La segunda determinará qué tan *efectiva* tu vida será!

Solo porque eres cristiano no te garantiza ser fructífero. A menudo he conocido cristianos con actitudes pobres que amargan sus relaciones, familias, ministerios y potencial para el éxito. ¡Esto no necesita ser así!

Cualquiera puede desarrollar una actitud que atraiga el éxito.

¡ATRAPA EL DÍA!

En la película *La Sociedad de los Poetas Muertos,* Robin Williams representa a John Keating, un instructor iconoclasta contratado para enseñar literatura inglesa en una formal escuela preparatoria para varones. Determinado a interesar a los muchachos en lo que ellos pensaban era una materia aburrida, Keating emplea un estilo de enseñanza altamente no ortodoxo. El primer día de clases, con una sonrisa traviesa, sale del salón de clases y le pide a sus alumnos que lo sigan.

En el pasillo, Keating reúne a los muchachos alrededor de la vitrina que contiene empolvados trofeos, recuerdos de la escuela y algunas viejas fotografías en blanco y negro de antiguos estudiantes de mucho tiempo atrás. Allí Keating le pide a uno de los estudiantes que abra su libro de texto y recite del poema *A las vírgenes que logran mucho del tiempo*. El joven, reticente, lee en voz alta:

Reuníos vosotros capullos mientras podéis,
El viejo tiempo es aún un vuelo;
Y esta misma flor que sonríe hoy,
Mañana estará muriendo.

«Reuníos vosotros capullos mientras podéis», Keating repitió. «El término latino para ese sentimiento es *carpe diem*. Ahora ¿quién sabe lo que eso significa?»

El sabelotodo del grupo se ofrece: «Atrapa el día».

«Atrapa el día», dice Keating. «Reuníos vosotros capullos mientras podéis. ¿Por qué usa estas líneas el poeta?»

Otro muchacho arriesga. «Porque estaba apurado».

Imitando el timbre de un concurso, el profesor lo corrige. «No, pero gracias por jugar». Entonces mira a los muchachos y les explica: «¡Porque *todos somos comida para gusanos*, muchachos! ¡Porque, créase o no, un día todos y cada uno de nosotros en esta habitación dejará de respirar, se enfriará y morirá!»

Keating llama la atención de los muchachos hacia la vitrina de trofeos. «Ahora

ENSÉÑANOS DE TAL MODO
A CONTAR NUESTRO DÍAS,
QUE TRAIGAMOS AL CORAZÓN
SABIDURÍA.
SALMO 90.12

Me gustaría que se acerquen aquí y escudriñen algunos de los rostros del pasado. Los han pasado de largo muchas veces, pero no creo que realmente los hayan mirado».

Los muchachos observan inexpresivamente las fotografías. «¿No son tan diferentes de ustedes, verdad?» sugirió el profesor. «Los mismos cortes de cabello. Llenos de hormonas, tal como ustedes. Invencibles, tal como ustedes se sienten. ¡El mundo es su ostra! Ellos creen que están destinados para grandes cosas, tal como muchos de ustedes. Sus ojos están llenos de esperanza, así como ustedes».

Keating hace una pausa para permitir que esto penetre.

«¿Esperaron ellos hasta que fuera demasiado tarde para hacer de sus vidas aunque sea una iota de lo que eran capaces? Porque caballeros, ustedes ven, que estos muchachos ahora fertilizan narcisos». Keating sonríe. «Pero si escuchan muy de cerca, pueden escucharlos susurrar su legado a ustedes. Vamos, inclínense».

Los muchachos reclinan sus cuellos hacia la vitrina de trofeos.

«¿Lo escuchan?» Entonces, como si interpretara de parte de las almas de estos alumnos pasados, Keating susurra en una voz ronca, entonado con un sentimiento de profunda urgencia, «*Carpe diem*. ¡Atrapen el día, muchachos! ¡Hagan sus vidas extraordinarias!»

Jesús lo dijo de esta manera:

> Ustedes están aquí para ser luz, exponiendo los colores de Dios en el mundo. Dios no es un secreto para ser guardado. Esto lo haremos público, tan público como una ciudad en la montaña. (Mateo 5.14, El mensaje)

¡Carpe diem! Atrapa el día y expone los colores de Dios en tu mundo. Dentro tuyo reposa el Espíritu Santo, infundido a través de tu ser por el soplo de Dios. No lo guardes en secreto. Comienza a vivir tu llamado dado por Dios haciendo brillar tu luz a través de tu vida.

No necesitas ser un famoso evangelista mundial para brillar. Solo comienza por hacer brillar tu luz a los que te rodean cada día. ¿Y cuál es el faro a través del cual brillará tu luz a los que te rodean? ¡Tu extraordinaria actitud!

SIGUE LAS CUATRO CLAVES PARA CONSTRUIR UNA EXTRAORDINARA ACTITUD

Cada uno de nosotros puede vivir una vida extraordinaria con una actitud de excelencia, pero debe ser diligentemente cultivada. Echemos un vistazo a las cuatro claves para vivir una vida extraordinaria.

1. Apunta al blanco correcto

¿A qué le apuntas en tu vida? ¿Cuál es tu meta? Si pudieras identificar una sola cosa que impulsa tu vida, ¿qué sería?

En la película *City Slickers*, tres amigos de New York se van de vacaciones a un rancho en el Oeste, donde aprenderán a enlazar, montar y arrear ganado. El capataz del arreo es un verdadero vaquero con el nombre de Curly; es un sabio solitario y el último de una raza en extinción.

Un día, mientras están en la pradera, Curly habla con Mitch, un vendedor de publicidad radial de mediana edad quien está desencantado con su vida en su trabajo y en casa.

«Un vaquero lleva un estilo de vida diferente», entona el duro Curly. «Cuando todavía *había* vaqueros. Son una raza en extinción. Aún significa algo para mí, sin embargo. En un par de días, trasladaremos a esta manada cruzando el río, los llevaremos a través del valle. Ahhh», se ríe suavemente, «no hay nada como conducir la manada».

«Lo ves, eso es grandioso», gorjeó el menos que rústico Mitch. «Tu vida tiene sentido para ti».

Curly se ríe sinceramente, y Mitch solo lo mira confuso. En este punto el mundanalmente sabio Curly llega al corazón del viaje de estos empresarios de mediana edad. «Todos ustedes vienen aquí a la misma edad. Los mismos problemas. Pasan cincuenta semanas al año haciéndose nudos en sus sogas.

Luego piensan que las dos semanas aquí se los desatarán. Ninguno de ustedes lo entiende».

Los dos hombres quedan en silencio bajo el peso de estas palabras.

Curly continúa: «¿Saben ustedes cuál es el secreto de la vida?»

«No, ¿Cuál es?»

Curly levanta su curtida mano y parece apuntar hacia el cielo. «Esto».

«¿Tu dedo?»

Todavía apuntando, Curly dice: «Una cosa. Solo una cosa. Apéguense a ella».

«Eso es grandioso, pero ¿qué es esa cosa?» instiga Mitch ávidamente, preguntando de parte de todos nosotros.

Curly se inclina y dice: «Eso es lo que *ustedes* deben averiguar».

Si tú pudieses apuntar a una sola cosa que fundamente tu vida, ¿qué sería eso? ¿Qué elegirías para enfocarte, para hacer de ello tu primera prioridad y tu meta final?

Echa un vistazo a la siguiente lista y decide.

- Dinero
- Fama
- Prestigio
- Poder
- Notoriedad
- Ser el mejor
- Deportes/recreación
- Independencia económica/seguridad
- Éxito en los negocios o en el ministerio
- Familia
- Paz
- Jesús

Por muchos años mi elección fue Jesús. Pero por alguna razón, sin darme cuenta, Él se fue deslizando del primer lugar.

Yo había estado vacilando sin saber por unos pocos años. Estaba más impulsado por el miedo a no tener dinero ahorrado para jubilarme, y eso sesgó mi perspectiva en la vida. Luchaba con periódicas punzadas de ansiedad, y era fácilmente distraído mientras trataba de hacer las inversiones correctas para mi futuro, constantemente observando la fluctuación de la bolsa.

TODO DEPENDE DE A QUÉ LE APUNTAS. CUANDO APUNTAMOS AL BLANCO EQUIVOCADO, LA VIDA MISMA LLEGA A SER EVASIVA.

Luego volví a visitar mi lista. Mi perspectiva retornó solo cuando decidí regresar a mi primer amor, mi verdadera meta en la vida, Jesús. Cuando mi perspectiva estuvo firmemente en su lugar, así también estuvo mi corazón para lo que Dios me había llamado a realizar.

Todo depende de a qué le apuntas. Cuando apuntamos al blanco equivocado la vida misma llega a ser evasiva. Asegúrate de estar apuntando al blanco correcto. Mantén tu perspectiva claramente enfocada en el blanco, y frecuentemente verifica doblemente para asegurarte que ese es el blanco correcto.

Tómate un tiempo ahora. ¡Deja de remar por la vida frenéticamente y averigua para ver si todavía estás dirigido en la dirección correcta!

¿Cuál es esa sola cosa?

Las Olimpiadas Especiales son una maravillosa organización que anima a niños y adultos con necesidades especiales de aprendizaje o discapacidades físicas a competir en eventos atléticos. Los eventos de pista y campo a menudo son emocionantes oportunidades para sorprenderse por las expresiones de vida más modestas y auténticas.

Sucedió una de las carreras. Pequeños niños de entre 8 y 12 años se reunieron en la línea de partida. Algunos estaban en sillas de ruedas, otros con abrazaderas, y todos estaban llenos de anticipación. Los padres y los parientes colmaban las gradas, cada uno animando a su hijo con una exuberancia que en comparación haría ver pálido el celo de los fanáticos de las Series Mundiales.

El juez de salida disparó su pistola al aire. ¡Salieron! El supremo esfuerzo de cada niño tocaba el corazón de todos los presentes. Había niños con muletas, laboriosamente controlando sus miembros. Niños con síndrome de Down corrían al lado de aquellos con abrazaderas en sus piernas.

Una niña en silla de ruedas había dado vueltas su silla, motorizándose en reversa con su pequeño pie para darse más velocidad. Pronto, sin embargo, ella comenzó a virar fuera de curso, y no tardó mucho en terminar contra las gradas. Imposibilitada de liberarse de esta dificultad, comenzó a pedir ayuda. Un niño discapacitado y otro con síndrome de Down escucharon sus ruegos. Corrieron hacia donde ella estaba, dieron vuelta su silla y comenzaron a empujarla hacia la meta. En medio de los gritos de alegría y júbilo, el pequeño grupo de rescate cruzó la línea.

Su objetivo no era necesariamente terminar primero. Verás, ellos pensaban que su meta era ver que todos pudieran cruzar la línea, y eso requirió de la ayuda de todos los niños involucrados.

¿Qué te ha pedido Dios que hagas con tu vida? Si tuvieses que escribir en un párrafo una declaración de tu misión personal, ¿qué diría? Si no estás seguro de cuál es tu asignación en la vida, entonces ¿cómo sabrás qué oportunidades debes aceptar y cuáles debes rechazar? Como el Gato le indicó a Alicia, si no sabes hacia dónde vas *cualquier* camino te llevará allí.

Sintiendo que mi enfoque era difuso, me senté y forjé lo que yo sentía que era la dirección y asignación de Dios para mi vida. Sobre esta declaración se apoyarían todas las actividades de mi ministerio. Me ayudaría el decidir a cuáles actividades diré sí y a cuáles diré no. Esta declaración actuaría como un dispositivo interno de dirección para guiarme en la carrera que fue preparada para mí.

Aquí está esa declaración:

> Modelar y comunicar verdades bíblicas de tal manera que inspire carácter, equipe líderes, enaltezca el conocimiento de Jesucristo y efectivamente evangelice a aquellos que Dios está atrayendo a sí mismo.

¿Hacia dónde te lleva tu ruta? ¿Sabes dónde quieres terminar? Si sabes estas cosas, entonces estás bien en camino hacia el éxito. Si no, entonces tómate unos momentos, tal vez aún unos días, para descifrar la declaración de tu misión personal. Contesta esta pregunta que cambiará tu vida: *¿Qué me ha pedido Dios que haga con mi vida?*

Una actitud que atrae el éxito comienza sabiendo qué oportunidades aceptar y cuáles rechazar. De esta manera comenzarás a desarrollar no solo una existencia sino una vida que se trate de responder al llamado de Dios cada día.

Recuerda, primero apunta al blanco correcto. ¿A qué le estás apuntando? ¿Cuál es tu meta? Esto determinará la carrera que correrás.

2. Corre la carrera correcta

Dios prepara una carrera diferente para todos y cada uno de nosotros. Tú no puedes correr la carrera de otro, solo puedes correr la tuya.

> Por tanto, nosotros también, teniendo en derredor nuestro tan grande nube de testigos, despojémonos de todo peso y del pecado que nos asedia, y corramos con paciencia *la carrera que tenemos por delante.* (Hebreos 12.1, énfasis del Autor.)

Si tú corres la carrera equivocada, terminarás en la línea de llegada incorrecta.

En mi libro *Construyendo la Iglesia como Equipo*, cuento la historia verídica de un corredor de maratón de las Olimpiadas quien, aunque claramente dejó a todos atrás, fue descalificado de la competencia por la medalla. ¿Por qué? Porque en su fatiga y confusión, había cruzado la meta final equivocada.

A veces nosotros, como cristianos, podemos vivir vidas descontentas porque estamos corriendo hacia la meta equivocada. Empleamos un esfuerzo herculiano, pero no estamos invirtiendo nuestro tiempo y recursos donde Dios quiere que los invirtamos. En cambio, tenemos nuestros propios deseos e intentamos usar a Dios para ayudarnos a llegar donde queremos ir. Como invocando al genio de la lámpara, tratamos de frotar a Dios de la manera correcta, para que Él conteste nuestras oraciones como nosotros queremos que sean contestadas. No queremos esperar consejo, así que le pedimos a Dios que bendiga lo que hacemos en lugar de pedirle que nos ayude a hacer lo que Él está bendiciendo.

Intenta hacer esta oración. Cambiará tu perspectiva y te ayudará a mantenerte en camino y terminar bien:

Señor, aquí está mi vida. Usa mi vida para Tus propósitos
y Tus deseos. Señor, ven a vivir Tu vida a través de mí.
Lo que sea que tengo, cualquier capacidad que pueda poseer,
cualquiera sean mis habilidades y aptitudes, finanzas
o tesoros, Señor, las pongo a Tus pies. ¿Cómo puedes usarlas?
Instrúyeme, para que pueda ser un mayordomo fiel y usa
mi vida para Tus propósitos. Ya sea que tenga mucho o poco,
estaré satisfecho porque sé que estás usando mi vida para
Tus propósitos. Ven, Señor, vive Tu vida a través de mí.

¡En lugar de decirle a Dios lo que harás por Él, pídele que haga Su trabajo a través de ti! En lugar de decirle a Dios cómo planeas vivir para Él, pídele que te muestre Sus planes para tu vida. ¡Haciendo esto, podrás tocar Su poder para cumplimentar Sus planes a Su manera! No hay mayor satisfacción que experimentar la descarga de Su vida a través de tu alma.

«Porque yo sé los pensamientos que tengo acerca de vosotros, dice Jehová, pensamientos de paz, y no de mal, para daros el fin que esperáis». (Jeremías 29.11)

3. Comprende qué satisface tu alma

Jesús nos da el secreto del contentamiento:

«No os afanéis, pues, diciendo: ¿Qué comeremos, o qué beberemos, o qué vestiremos? Porque los gentiles buscan todas estas cosas; pero vuestro Padre celestial sabe que tenéis necesidad de todas estas cosas. Mas buscad primeramente el reino de Dios y su justicia, y todas estas cosas os serán añadidas». (Mateo 6.31-33)

El contentamiento no puede ser adquirido directamente. Sino, que es un producto derivado de un vida enfocada en las cosas correctas. La gente verdaderamente satisfecha es aquella cuyo objetivo en la vida es algo mucho más grande que lograr mera satisfacción solamente.

Si el sólo objetivo de tu alma es adquirir posesiones y dinero a los efectos de estar cómodo y contento, entonces el contentamiento será tan evasivo como una mariposa.

Algunos años atrás, todo el mundo tenía sus ojos puestos en un americano billonario cuyo deseo era volar el avión más rápido del mundo. De manera que él diseñó, construyó y piloteó el avión más rápido del mundo. Quería tener barcos y condominios y vivir en lugares exóticos, así que los compró. Amasó semejante fortuna que se decía que tenía dos presidentes de Estados Unidos a sus órdenes. Él creía que podía obtener satisfacción teniendo más amantes y aventuras sexuales, yendo a más expediciones, exploraciones y excursiones. De manera que así lo hizo.

Avancemos la cinta hacia el final de su vida. Su cabello está largo y descuidado, su barba desordenada, y sus brazos están cubiertos con las marcas punzantes de un drogadicto intentando frenéticamente impulsar satisfacción a través de sus venas. Las uñas de sus dedos están largas y desarregladas, que parecen pálidos tirabuzones amarillos. Postrado en cama, se sienta en un trance inducido por la droga, asomándose a la vida a través de oscuros, huecos de ojos hundidos en un cuerpo demacrado. Se ha perdido la vida misma.

APRENDE A COMPRENDER QUÉ SATISFACE TU ALMA; DE OTRA MANERA, NUNCA DESARROLLARÁS UNA ACTITUD DE VERDADERO CONENTAMIENTO.

Él vive en un confinamiento auto impuesto. Es un hombre que gastó los mejores años de su vida buscando desesperadamente la satisfacción pero nunca la encontró. Finalmente muere en un pozo solitario de desesperación.

Estoy seguro que reconocerás el nombre de esta persona: Howard Hughes. Vivió toda su vida esperando encontrar satisfacción pero terminó con las manos vacías. Cambió su alma por posesiones y la perdió completa en la carrera.

Lee lo que Jesús tenía para decir acerca de la necia persecución de un hombre rico:

«Diré a mi alma: Alma, muchos bienes tienes guardados para muchos años; repósate, come, bebe, regocíjate. Pero Dios le dijo: Necio, esta noche vienen a pedirte tu alma; y lo que has provisto, ¿de quién será? Así es el que hace para sí tesoro, y no es rico para con Dios». (Lucas 12.19-21)

Johnny Carson un humorista anfitrión de televisión ganó millones de dólares mediante su programa nocturno, *El show de esta noche*. Con toda su fortuna, sus ingenuos y coloridos chistes, podrías pensar que él es una de las personas más felices que hay. Pero en una entrevista, uno de sus familiares dijo: «Johnny es una de las personas más tristes que conozco. Siempre está intentando pasarla bien, pero nunca lo logra».

Aprende a comprender qué te satisface verdaderamente, qué satisface tu alma. De otra forma, nunca desarrollarás una actitud de verdadero contentamiento. Siempre estarás buscando pasarla bien, pero nunca lo lograrás.

4. Haz de la satisfacción una labor interna

El apóstol Pablo no vivió una vida aristocrática, acomodada, pero desarrolló una actitud de primera clase que lo impulsó a través de cada tormenta.

> «He aprendido a contentarme, cualquiera que sea mi situación. Sé vivir humildemente, y sé tener abundancia; en todo y por todo estoy enseñado, así para estar saciado como para tener hambre, así para tener abundancia como para padecer necesidad». (Filipenses 4.11-12)

Pablo había pasado hambre. Había sido abandonado. Había sido apedreado, había naufragado, había sido fustigado, golpeado y dejado por muerto. Pablo había sido burlado, ridiculizado y calumniado. Cuando escribió estas palabras acerca del contentamiento, estaba escribiendo desde la prisión. Sabía que en pocos años sería torturado hasta la muerte. ¿Cómo es posible que pudiera mantener una actitud piadosa bajo tales circunstancias? ¿Cómo podía decir que sabía lo que significaba estar contento?

Porque su objetivo en la vida era mucho más grande que el contentamiento mismo. El objetivo de Pablo no era obtener un estilo de vida de conveniencia y comodidad. El objetivo de

Pablo era conocer a Dios y servirle. Su único deseo era que de alguna manera, en algún sentido, su vida fuera usada para que los propósitos de Dios se cumplieran. Buscó primeramente el reino de Dios ofreciendo sus habilidades y su influencia para que el Señor pudiese utilizarlas. Entonces el contentamiento inundó su vida, ¡y su actitud convirtió esa celda de prisión en el lugar desde donde casi la mitad del Nuevo Testamento sería escrito!

El contentamiento es vital en el desarrollo de una actitud extraordinaria. Es la final y crítica clave en tu proceso. Cada una de estas cuatro claves parecen simples, pero cada una es eternamente valiosa.

Recuerda, comienza correctamente por apuntar al blanco correcto, el que Dios tiene para ti «corre tu carrera particular para ganar» (ver Hebreos 12.1).

¡El próximo paso es sólo hacerlo! Corre la carrera correcta.

Las últimas dos van mano a mano. Comprende qué es lo que satisface tu alma, y hazlo a través de aprender el contentamiento.

¡Con estas claves a mano, serás capaz de correr tu carrera *y* finalizarla bien!

CAPÍTULO NUEVE

VUELVE A LA FUENTE

Haya, pues, en vosotros este sentir que hubo
también en Cristo Jesús.
FILIPENSES 2.5

Durante una clase de historia americana, algunos estudiantes de segundo grado fueron interrogados: «¿Pueden nombrar al extranjero que fue de gran ayuda para los colonizadores americanos durante la Guerra de la Revolución?» Uno de los niños rápidamente alzó su mano y cuando le dieron la oportunidad, confiadamente respondió: «¡Dios!»

TU ACTITUD, EN ESENCIA, ES LA EXPRESIÓN DE TU FE Y LA MUESTRA DE TU CARÁCTER.

El fundamento de desarrollar una actitud que atrae éxito no se halla simplemente en el pensar positivo. No me mal entiendas. No hay nada malo con el pensar positivo. ¡Cuando consideras las alternativas, el pensamiento negativo no es una opción!

Sin embargo, debemos ir más allá de una mirada positiva. E. Stanley Jones cierta vez dijo: «Cualquier cosa menos que Dios, te defraudará». Jesús dijo: «Separados de mí nada podéis hacer» (Juan 15.5). Desesperadamente necesitamos Su ayuda, y si se lo pedimos, Él nunca nos la negará:

«Pidan, y se les dará; busquen, y encontrarán; llamen, y se les abrirá». (Mateo 7.7, NVI)

Dios es el único que conozco que puede cambiar el corazón humano. El gobierno no puede, el dinero no lo hará y una circunstancia ideal tampoco. Sin Dios, nuestros esfuerzos serán vanos, como mucho.

Si el Señor no edifica la casa, en vano se esfuerzan los albañiles. (Salmo 127.1, NVI)

Desarrollar una actitud de primera clase conlleva resolución, compromiso, perseverancia y una disposición a ser efectivos en esto llamado vida. Tu actitud es, en esencia, la expresión de tu fe y la muestra de tu carácter. No es simplemente el resultado de pensar positivo. Es el resultado de la obra de Jesucristo en tu vida momento a momento y de tu cooperación con Sus instrucciones.

LA BIBLIA ES TU MANUAL DE INSTRUCCIONES DE ACTITUD

La Biblia es el mayor libro jamás escrito en la materia de la vida. No puedes encontrar un libro mejor acerca de liderazgo, negocios, dinero, familia o matrimonio. Cuando la Palabra de Dios llena tu mente, ¡no puedes hacer otra cosa que desarrollar una actitud mejor! Y cuando Sus instrucciones y consejos comienzan a penetrar en tu conversación, relaciones y hábitos, entonces tu actitud será transformada.

Todos tendremos dos maestros en la vida: el maestro de la sabiduría y el maestro de las consecuencias. Ambos son tremendos maestros, y tú aprenderás de ambos. Hay un precio que pagar para enrolarse en cada clase. Sin embargo, el precio que debe ser pagado por la enseñanza de las consecuencias puede costarte todo lo que tienes. A algunos, les ha costado años; otros han pagado con su futuro, y aun a otros, les ha costado sus familias. Sin duda aprenderás de las consecuencias, pero ellas pueden ser crueles capataces.

La sabiduría, por otro lado, viene como lecciones vicarias, aprendidas a través de las consecuencias de otros. Puedes aprender de las experiencias de los demás sin tener que pasar por el dolor tú mismo. Pero hay un precio por obtener la sabiduría también, porque la sabiduría requiere que desarrolles algo llamado disciplina. ¡Cuando en lugar de ser paciente te enojas, la disciplina es dolorosa!

Cuando quieres herir a alguien pero tú sabes que sería más sabio dejarlo pasar, esto también puede ser doloroso.

Date cuenta que el dolor de la disciplina te costará centavos, mientras que el dolor del arrepentimiento puede costarte millones.

Haciendo de la sabiduría un deporte

Yo sigo un principio que se encuentra en Proverbios 10.23: «El hacer maldad es como un deporte al insensato; mas la sabiduría recrea al hombre de entendimiento». El hombre entendido hace un deporte de practicar lo que es sabio.

¡Qué idea tan interesante! ¡Yo amo los deportes y puedo ser moderadamente competitivo, así que este pasaje habla mi idioma! La Biblia nos da permiso para entrenar e inaugurar un nuevo deporte, el deporte de la sabiduría.

Es así como esto funciona en mi vida. Cuando llego a una encrucijada o se me presenta un problema, comienza el partido. Otros en esta situación intentan escaparse inmediatamente, diciendo: «No se puede hacer; ¡es imposible!» Escucho eso todo el tiempo; pero en realidad, estas personas solo han triunfado en descalificarse a sí mismas. Yo digo, ¡que comience el partido!

Primero, trato de descifrar qué sería lo más sabio en esta situación problemática. ¿Suena difícil? Aquí está lo maravilloso de este deporte: Puedes obtener ayuda, recomendaciones o consejo de cualquiera, y eso no es hacer trampa. Puedes reclutar grandes pensadores o solucionadores de problemas, y puedes consultar cualquier libro para obtener respuestas frescas y nuevas formas de ver el problema. Pero recuerda, tu meta es resolver el problema de la forma más sabia posible.

Así que yo pido a Dios sabiduría. Santiago 1.5 dice: «Y si alguno de vosotros tiene falta de sabiduría, pídala a Dios, el cual da a todos abundantemente y sin reproche, y le será dada». ¡Qué buen trato!

Salomón le pidió sabiduría a Dios, y esto complació tanto a Dios que le dio a Salomón mucho, mucho más de lo que él había pedido:

> Y le dijo Dios: Porque has demandado esto, y no pediste para ti muchos días, ni pediste para ti riquezas, ni pediste la vida de tus enemigos, sino que demandaste para ti inteligencia para oír juicio, he aquí lo he hecho conforme a tus palabras; he aquí que te he dado corazón sabio y entendido, tanto que no ha habido antes de ti otro como tú, ni después de ti se levantará otro como tú. Y aun también te he dado las cosas que no pediste, riquezas y gloria, de tal manera que entre los reyes ninguno haya como tú en todos tus días. (1 Reyes 3.11-13)

Este enfoque de la vida me ha ayudado más de lo que puedas saber. Todavía soy un principiante en este deporte. Pero con un poco más de práctica, espero poder seguir avanzando.

ENCONTRANDO LA FUENTE DE ENTRENAMIENTO DE LA SABIDURÍA

La sabiduría viene de muchas fuentes diferentes. Podemos aprender muchísimo experimentando cada cosa nueva de primera mano y sintiendo las punzadas de las consecuencias, pero puede que no sea el mejor camino. La experiencia puede ser un buen maestro, pero la sabiduría es mucho más deseable. ¿Por qué?

LÁMPARA ES A MIS PIES TU PALABRA, Y LUMBRERA A MI CAMINO.
SALMO 119.105

Y qué si pudiéramos reunir los 400 líderes más grandes de todos los tiempos y los enroláramos como nuestros maestros y mentores personales. ¿Suena grandioso? Incluso si pasáramos un año con ellos no sería suficiente para ganar la sabiduría que estamos buscando. ¿Y qué si buscamos los hechos de las vidas de estos grandes hombres y mujeres y los registráramos en un libro? Mejor aún, que sus experiencias fueran editadas para que sólo las más profundas y críticas lecciones fuesen registradas, las que nos serán más útiles. ¿Cuánto pagarías por un libro como este? ¿Pagarías cientos, incluso miles de dólares por este tesoro? ¡Pero espera!

Dios ha compilado uno de estos asombrosos libros para ti. ¡Y adivino que ya tienes una o más copias! Se llama la Biblia.

En este fantástico libro encontrarás lo mejor de lo mejor, sus vidas, sus amores, sus triunfos, sus fallos y sus testimonios de fe. Y Dios ha editado sus historias para que podamos leer sobre las experiencias y las consecuencias de sus acciones. En lugar de tener que pasar por lo que ellos pasaron, somos capaces de depositar las perlas de lo que ellos aprendieron en nuestros corazones, ¡y nuestra vidas son transformadas!

> Toda la Escritura es inspirada por Dios, y útil para enseñar, para redargüir, para corregir, para instruir en justicia, a fin de que el hombre de Dios sea perfecto, enteramente preparado para toda buena obra. (2 Timoteo 3.16-17)

David escribió: «Más que todos mis enseñadores he entendido, porque tus testimonios son mi meditación» (Salmo 119.99). En otras palabras, las instrucciones de la Palabra de Dios le dieron a David sabiduría más allá de su edad, y hará lo mismo por ti. Su palabra será el eterno mentor que te ayudará a ser «conformes a la imagen de su Hijo» (Romanos 8.29).

Haz un hábito de leer la Biblia diariamente. Cada día recibirás otra perla que Dios atesorará dentro de tu corazón. Al esconder Su Palabra bien adentro, comenzarás a ver en ti mismo una transformación día a día, un incremento en tu parecido a Jesús.

«En mi corazón he guardado tus dichos, para no pecar contra ti». (Salmo 119.11)

Los errores que comúnmente hiciste en el pasado se harán más infrecuentes mientras permites que el Espíritu Santo guíe tus palabras y acciones. ¡La Biblia es una de las mejores herramientas de Dios para ayudarte a desarrollar una actitud que atrae éxito!

LA ORACIÓN ES UN TIEMPO PARA HACER AJUSTES DE ACTITUD

La oración es uno de los ejercicios que más se evade en la vida de un cristiano. Es como regar una planta: puede que no veas resultados inmediatos, pero si la disciplina de oración es descuidada, las consecuencias pueden ser desastrosas. La oración debe ser un hábito, un hábito diario.

Cuando te tomas el tiempo para orar por tus futuros planes y decisiones, estás aprendiendo cómo pensar profunda-mente en la presencia de Dios. Él te ayuda por Su Espíritu y te da sabiduría y discernimiento. Mantén un registro cerca tuyo cuando estés orando para apuntar las instrucciones y el entendimiento que el Señor te revela. Yo a menudo lleno mi propio registro, página tras página, de lo que Dios me está diciendo acerca de mi actitud, mi fe, mi perspectiva y mi comportamiento.

Recuerda, sin embargo, que la oración no es simplemente un sitio para quejarse ante Dios.

Frecuentemente usamos mal la oración y usamos a Dios para tratar de que Él cumpla nuestros planes. Escucha lo que Pablo dice: «Perseverad en la oración, velando en ella con acción de gracias» (Colosenses 4.2). Nuestra actitud en la oración ¡es importante!

Debemos acercarnos a Dios con una actitud de acción de gracias.

Billy Graham una vez dio una corta ilustración del efecto que la oración debería tener en nosotros. Observaba a un barco siendo remolcado a la dársena. Gruesas sogas fueron atadas a la dársena, y él escuchó los inmensos motores del barco empezando a zumbar. Entonces notó algo intrigante: mientras que las sogas se tensaron, la dársena no fue atraída hacia el barco; en lugar de eso el barco fue atraído hacia la dársena.

La oración debería ser exactamente igual. Cuando oramos, no bajamos a Dios a nuestro nivel de manera que Él implemente lo que nosotros le hemos asignado en Su lugar, ¡la oración nos acerca a Dios a los efectos de recibir Su fuerza para hacer Su voluntad! Cuan a menudo nos olvidamos de que Dios no existe para nuestros propósitos. Nosotros existimos para los *Suyos*.

Es a través de la oración que Dios revela simples pero verdaderas llaves que nos ayudarán a ver las cosas desde un nuevo punto de vista. Cuando pides ver las cosas a Su manera, ¡no puedes evitar que tu actitud cambie!

De la misma manera, por nuestra fe, el Espíritu Santo nos ayuda con nuestros problemas cotidianos y en nuestra oración. Porque ni siquiera sabemos por qué debemos orar, ni sabemos orar como debiéramos; pero el Espíritu Santo ora por nosotros. (Romanos 8.26, Versión LBV)

AHORA TÚ ELIGES

A los cielos y a la tierra llamo por testigos hoy contra vosotros, que os he puesto delante la vida y la muerte, la bendición y la maldición; escoge, pues, la vida, para que vivas tú y tu descendencia. (Deuteronomio 30.19)

Moisés le dijo al pueblo de Dios que tenían que hacer una elección entre la vida y la muerte. Déjame recordarte otra vez: la decisión más importante que jamás harás en tu vida es tu decisión de seguir a Jesucristo. Esta decisión determinará la *eternidad* de tu vida.

La segunda decisión más importante que harás será la actitud con la que seguirás al Señor. Esta decisión determinará la *calidad* de tu vida.

La decisión más importante que jamás harás en tu vida es tu decisión de seguir a Jesucristo

Se cuenta la historia de dos prisioneros echados en sus literas cierta noche. El prisionero de la litera de arriba estaba mirando fijamente el cielo nocturno por la ventana de su celda. Las estrellas estaban diseminadas en un espectacular arreglo, con una que otra estrella fugaz que hacía del cielo nocturno una espectacular muestra de fuegos artificiales divinos.

Llamando a su compañero de celda de la litera de abajo el hombre dijo: «¡Eh, levántate! Mira las estrellas. Son hermosas. ¡Mira!»

«Ah, déjame», gruñó su compañero de celda.

«Vamos. Sólo mira. ¡Esta noche las estrellas están más brillantes que nunca!»

Su compañero de celda rezongó y volteó en su litera para mirar el cielo nocturno. Luego de un breve atisbo, refunfuñó: «Yo no veo ninguna estrella. Sólo veo barrotes».

Un prisionero vio las estrellas; el otro vio los barrotes. Todo depende de tu actitud, ¿Verdad? El contentamiento es una labor interior. Serás amo o víctima de tu actitud.

Así que, también, Dios coloca delante de ti la decisión de servirle con una gran actitud o con una pobre. Elige una buena, ¡para que puedas experimentar vida!

Pero requiere entrenamiento, disciplina y deseo de desarrollar tu perspectiva para ver lo que es bueno. Elige, porque ambos estarán presentes, las estrellas y los barrotes. ¡Mira a las estrellas y las podrás alcanzar! Mira los barrotes y de cierto te aprisionarán.

Mira a las estrellas. Están allí afuera esta noche. Síguelas. Puede que te guíen a un futuro brillante.

¡Estás a tan solo una actitud de una vida fantástica!

Acerca del autor

Wayne Cordeiro es pastor principal de New Hope Christian Fellowship en Oahu, una nueva obra que fue establecida en Septiembre de 1995. En cinco años la asistencia a los servicios de fin de semana han crecido a más de 7.000 personas, haciendo de New Hope Oahu una de las iglesias más crecientes en América. Más de 5.200 personas recibieron a Cristo por la primera vez en estos iniciales cinco años de la iglesia.

El pastor Wayne también ha establecido más de 20 otras iglesias en Hawai, Guam, Samoa, Finlandia y Japón. Antes de mudarse a Oahu, fue pastor principal en New Hope Cristian Fellowship en Hilo, Hawai, por más de 12 años. Bajo su liderazgo pastoral la congregación de New Hope Hilo creció desde 50 a más de 1.700 y lanzaron la construcción de un complejo de 20 acres para la iglesia, llamado el Lugar de Reunión.

Wayne fue criado en Palolo Valley en Oahu, y vivió en Japón por tres años. Luego se mudó a Oregon donde finalizó sus estudios y entrenamiento ministerial por los siguientes 12 años. Sirvió con Juventud para Cristo por siete años y como pastor asociado por tres años en Faith Center Foursquare Church en Eugene, Oregon, antes de regresar a Hawai.

Es un acabado compositor y cantante que ha lanzado seis álbumes. Las enseñanzas del programa de radio del pastor Wayne *Palabras de nueva esperanza* se transmite por KAIM y por KUMU en Hawai. Como presidente del Instituto Bíblico de la costa del Pacífico, está trabajando para entrenar, desarrollar y sostener a líderes emergentes que establezcan iglesias del siglo veintiuno en la costa del Pacífico.

El pastor Wayne viaja extensamente por las islas, Estados Unidos y el Asia como orador en conferencias, iglesias, eventos cívicos, prisiones, asambleas de escuelas secundarias, foros empresarios y convenciones de liderazgo. También es orador para empresas, compañías y corporaciones acerca de estrategias de reestructuración y crecimiento.

Ha escrito otros tres libros: *Construyendo la Iglesia como equipo*, *Perlas en el camino* y el futuro libro de Regal *Liberadores de sueños*.

El pastor Wayne y su esposa Anna, tienen tres niños, Amy, Aarón y Abigail.

Para más información acerca de materiales por Wayne Cordeiro o para información para invitaciones, por favor escriba o llame a:

New Hope Christian Fellowship Oahu
290 Sand Island Road
Honolulu, Hawaii 96819
Teléfono (808) 842-4242
Fax (808) 842-4241
www.eNewHope.org

Ministerio Internacional Nueva Esperanza

Wayne Cordeiro es presidente de New Hope International, un ministerio que identifica, equipa y envía a líderes emergentes para establecer iglesias del siglo veintiuno.

Las últimas palabras de Jesús fueron el principio de una revolución eterna: «Id y haced discípulos a todas las naciones» (Mateo 28.19). Si has oído que Su comisión te constriñe, sé compañero con nosotros:

Líderes Emergentes Internacional – Un programa de becas para entrenar a líderes jóvenes para el ministerio.

Seminario Práctico de Liderazgo – Un intensivo de una semana para pastores principales para revitalizar la visión, el ministerio y el cuidado de las almas.

Instituto Bíblico Costa del Pacífico – Educación superior global entretejida en el corazón mismo de Nueva Esperanza.

Conferencia Haciendo la Obra de la Iglesia en Equipo Una experiencia de tres días de intensa preparación para el ministerio con asistentes de todo el mundo.

¡Ven, sé compañero son nosotros!

New Hope Christian Fellowship Oahu
290 Sand Island Road - Honolulu, Hawaii 96819
Teléfono (808) 842-4242
Fax (808) 842-4241

Anotaciones

Anotaciones

Anotaciones